中国金融稳定报告
China Financial Stability Report
2014

中国人民银行金融稳定分析小组

中国金融出版社

中国人民银行金融稳定分析小组

组　长：刘士余

成　员（以姓氏笔画为序）：

王　煜　冯菊平　纪志宏　李　波

励　跃　何建雄　张晓慧　邵伏军

陈　志　宣昌能　盛松成　穆怀朋

《中国金融稳定报告2014》指导小组

王保安　王兆星　庄心一　陈文辉

《中国金融稳定报告2014》编写组

总　纂： 宣昌能　陶　玲　金　荦　梁世栋　黄晓龙

统　稿： 陶　玲　杨小军　张甜甜

执　笔： 第一章：张甜甜　徐彩霞　丁　康　樊石磊　刘　浏

第二章：李　达　任秋宇　陈　颖　刘向耘　马志扬　刘　珂　翟　春　魏礼军　叶　欢　毛奇正　叶　蓁　陈继明　张　鑫

第三章：陈建新　林文顺　赵　民　洪　波　赵冰喆　王文静

第四章：孟　辉　李敏波　许　玥　孙寅浩　陈　勉

第五章：王少群　陈　敏

第六章：孟　辉　李敏波　许　玥　孙寅浩　陈　勉　侯蕴涵　罗　静　董　琦　胡　婧　董忆伟

第七章：张卫华　刘　浏　武　斌　孙　毅　韩春燕　齐剑辉

第八章：谢　丹　胡　平　王　湆　刘　婕　任秋宇　马　杰　付竞卉　贾彦东

专题一：陈建新　刘　波　王　楠　许　玥　李　超　丁洪涛　孙寅浩　董　亮

专题二：王　晋　顾陈杰　刘　浏

专题三：谢　丹　刘　婕　王　湆

附　录：赵　民　刘　浏　刁亚洲　陈　勉　陈　敏　张卫华

其他参与写作人员（以姓氏笔画为序）：

于明星　王尊州　沈理明　张双长　季　军　郭大勇　温茹春

内容摘要

2013年，世界经济低速增长，全球金融体系继续调整，国际金融市场波动较大，经济复苏和金融稳定仍面临一系列挑战。我国宏观经济呈现稳中向好的发展态势，金融业改革不断深化，金融机构实力进一步增强，金融市场稳步发展，金融基础设施建设继续推进，金融体系整体稳健。

2014年我国发展面临的形势依然错综复杂，有利条件和不利因素并存。要全面贯彻党的十八大和十八届二中、三中全会精神，坚持稳中求进工作总基调，把改革创新贯穿于经济社会发展各个领域各个环节，保持宏观经济政策连续性和稳定性，充分发挥市场在资源配置中的决定性作用，促进经济金融持续健康发展。

世界经济呈缓慢复苏态势。美国经济增长动能增强，欧债危机进入相对平静期，日本经济受政策刺激强劲反弹后增速回落，新兴经济体增长总体放缓。全球金融市场波动较大，部分新兴经济体汇率大幅贬值。当前，世界经济下行风险仍然存在，美国量化宽松政策退出过程存在不确定性，欧元区长期性、结构性问题仍未得到解决，日本经济内在增长动力不足，新兴经济体面临国际金融环境变动和自身脆弱性的双重挑战。

中国宏观经济运行稳中向好。继续实施积极的财政政策和稳健的货币政策，国内需求平稳增长，物价水平基本稳定，财政收入持续增加，政府债务水平总体可控，居民收入不断提高，货币金融环境基本稳定。当前，经济下行压力加大，多重矛盾交织，结构调整和转变发展方式的任务艰巨，要继续保持宏观经济政策连续性和稳定性，增强宏观调控的前瞻性、针对性和协同性，着力激发市场活力，加快转方式、调结构、促升级，切实提高经济发展质量和效益。

银行业运行平稳，存贷款平稳增长，资本质量较好，拨备整体较为充足，盈利增速放缓。各项改革稳步推进，薄弱领域信贷投入继续加大，服务实体经济发展取得积极成效，金融监管有效性不断增强。但部分行业、领域和地区的风险有所积累，流动性风险管理难度加大，同业、表外、理财等业务潜在风险应予关注，具有融资功能的非金融机构风险隐患不容忽视。下一阶段，要进一步深化改革，鼓励金融创新，提高风险管理水平，防范和化解重点领域风险，加强和改进银行业监管，切实提高服务实体经济的效率和水平。

证券期货业发展总体稳健，业务创新取得积极进展，监管改革稳步推进，基础性制度建设继续完善，对外开放不断深化。但部分上市公司业绩下滑，一些证券公司负债增长较快。下一阶段，要继续推动市场化改革，推进监管转型，稳步开展产品和业务创新，切实保护投资者合法权益，实现持续健康发展。

保险业保持稳中有进的发展态势，资产规模继续增长，保费增速逐步回升，经营效益大幅提高，偿付能力充足，市场化改革积极推进，保险监管继续改进，消费者权益保护加强。但财产险业承保利润下滑，人身险业流动性压力较大，消费者投诉有所增加。下一阶段，要深入推进市场化改革，优化业务结构和渠道结构，提高监管的有效性，促进行业健康可持续发展。

金融市场运行基本平稳，市场规模不断扩大，改革创新稳步推进。货币市场交易活跃，利率波动加大。债券市场发行量继续增加，收益率水平上升。股票市场震荡走低，融资规模有所下降。外汇市场成交量快速增长，人民币对美元汇率小幅升值。票据融资交易活跃，黄金市场价格震荡下跌。下一阶段，要进一步建设统一开放、竞争有序的市场体系，鼓励金融创新，丰富金融市场层次和产品，发挥市场在资源配置中的决定性作用。

金融基础设施建设继续推进。支付、清算和结算体系运行稳定，第二代支付系统成功上线，非现金支付工具蓬勃发展，农村地区支付环境显著改善。金融法律法规体系不断健全，与金融业改革发展开放的适应性进一步增强。会计标准持续完善，多项会计制度顺利实施。《征信业管理条例》和《征信机构管理办法》正式实施，征信制度建设迈上新台阶。洗钱防控体系不断完善，有效性稳步提升。下一阶段，要不断提升金融基础设施的安全和效率，健全金融法律法规和会计制度，完善征信管理和服务，提高反洗钱监管水平。

宏观审慎管理进一步推进。国际社会继续加强宏观审慎政策的研究制定，推动执行巴塞尔协议Ⅲ，强化对系统重要性金融机构和影子银行体系的监管，加强金融机构有效处置机制建设，推进场外衍生品改革。主要国家继续深化金融监管体制改革，加强宏观审慎管理，美国“沃尔克”规则最终条款出台，欧洲银行业联盟取得实质性进展，英国新的金融监管体系正式运行。我国不断强化宏观审慎管理，建立由人民银行牵头的金融监管协调部际联席会议制度，金融监管协调工作走向制度化和规范化。继续实施并完善逆周期宏观调控，加强系统性风险监测评估和处置机制建设，建立存款保险制度，有效维护金融体系稳健运行。

目 录

专栏

第一章

国际经济金融环境

2013年，世界经济低速增长，全球金融体系继续调整，国际金融市场波动较大，金融监管改革继续推进。发达经济体和新兴市场经济体各自面临若干政策风险，经济增长和金融稳定仍面临严峻挑战，需采取措施积极应对，加强国际政策协调，防范经济下行和无序调整的风险。

一、主要经济体经济形势

2013年，世界经济继续呈缓慢复苏态势。美国经济增长动能持续增强，但面临若干政策风险。欧元区经济走出衰退，但复苏态势不稳。日本经济受政策刺激强劲反弹后增速放缓，长期挑战仍存。新兴市场经济体增长放缓，金融市场动荡，面临的风险上升。

美国经济增长动能增强。2013年全年GDP增长1.9%，其中第三季度实际GDP增长率达4.1%，创2012年第一季度以来新高。失业率从1月的7.9%降至12月的6.7%，为2008年11月以来最低水平；全年通胀水平持续处于低位，12月CPI同比仅为1.5%；美国供应管理协会（ISM）公布的制造业采购经理人指数（PMI）除5月外，均位于50荣枯线以上。同时，房地产市场继续复苏，股指屡创历史新高。受房地产市场和股票市场财富效应推动，个人消费支出增长较快。此外，2013年美国贸易赤字较2012年收窄，全年贸易赤字4 715亿美元，同比减少11.8%。12月18日，美联储将2014年经济增长预期从9月预期的2.9%~3.1%调整至2.8%~3.2%。

欧元区经济微弱复苏。2013年以来，欧债危机暂时进入相对平静期，欧元区经济再次进入复苏通道。2013年，欧元区GDP同比下降0.4%，其中各季度分别增长-0.2%、0.3%、0.1%和0.3%。衡量消费者和企业信心的欧元区经济景气指数持续上行8个月至12月的100，创近两年以来最高水平。但失业率仍居高不下，第四季度以来欧元区失业率维持在12.0%的高位。同时，欧元区物价全年维持低位，12月综合物价指数（HICP）同比仅增长0.8%。2014年3月6日，欧央行将欧元区2014年经济预测值从2013年12月时的1.1%上调至1.2%。

日本经济强劲反弹后增速放缓。受汇率大幅贬值和大规模财政刺激等因素影响，2013年日本GDP增长0.7%，其中各季度增长的环比折年率分别为4.5%、4.1%、0.9%和0.7%。6月以来核心CPI同比转为正值，12月上升至1.3%，触及5年来新高；就业市场平稳，全年失业率基本维持在4.0%左右。受进口成本上升等因素影响，2013年日本贸易逆差为11.47万亿日元，同比增长65.3%，创历史新高。

表1-1　　　　主要经济体宏观经济金融指标

国别	指标	2013年第一季度			2013年第二季度			2013年第三季度			2013年第四季度		
		1月	2月	3月	4月	5月	6月	7月	8月	9月	10月	11月	12月
美国	实际GDP增速（环比折年率，%）	1.1			2.5			4.1			2.6		
美国	失业率（%）	7.9	7.7	7.5	7.5	7.5	7.5	7.3	7.2	7.2	7.2	7.0	6.7
美国	CPI（同比，%）	1.7	2.0	1.5	1.1	1.4	1.8	2.0	1.5	1.2	1.0	1.2	1.5
美国	DJ工业平均指数（期末）	13 861	14 054	14 579	14 840	15 116	14 910	15 500	14 810	15 192	15 237	16 086	16 577
欧元区	实际GDP增速（环比，%）	-0.2			0.3			0.1			0.3		
欧元区	失业率（%）	12.0	12.0	12.0	12.1	12.1	12.1	12.1	12.1	12.1	12.0	12.0	12.0
欧元区	HICP综合物价指数（同比，%）	2.0	1.8	1.7	1.2	1.4	1.6	1.6	1.3	1.1	0.7	0.9	0.8
欧元区	EURO STOXX 50（期末）	2 641	2 647	2 698	2 725	2 662	2 605	2 699	2 671	27 89	2 774	2 901	2 919
日本	实际GDP增速（环比折年率，%）	4.5			4.1			0.9			0.7		
日本	失业率（%）	4.2	4.3	4.1	4.1	4.1	3.9	3.8	4.1	4.0	4.0	4.0	3.7
日本	核心CPI（同比，%）	-0.2	-0.3	-0.5	-0.4	0.0	0.4	0.7	0.8	0.7	0.9	1.2	1.3
日本	日经225指数（期末）	11 139	11 559	12 398	13 861	13 775	13 677	13 668	13 389	14 456	14 328	15 662	16 291

数据来源：各经济体相关统计部门及中央银行。

新兴市场经济体增速总体放缓，部分国家面临的风险上升。根据国际货币基金组织（IMF）统计，2013年主要新兴市场和发展中经济体GDP增长4.7%，比上年有所放缓，不同国家经济走势出现分化；其中，印度、巴西GDP增速比上年分别上升1.2个和1.3个百分点，而俄罗斯和南非GDP增速比上年分别回落1.9个和0.7个百分点。部分新兴市场经济体国际收支恶化，外汇储备减少，财政和债务状况严峻。5月美联储向市场释放退出量化宽松政策信号后，国际资本流动逆转，导致一些新兴经济体金融市场一度大幅动荡。总的来看，新兴市场经济体基本面较为脆弱，个别经济体短期内风险可能上升。

二、国际金融市场形势

2013年以来，受美联储量化宽松政策退出过程的不确定性和全球经济缓慢复苏影响，全球金融市场波动较大，发达经济体和新兴市场经济体表现分化。其中，发达经济体金融市场整体表现较好，股市大幅上涨，屡创历史新高，而一些新兴市场经济体金融市场一度出现动荡，汇率大幅贬值，股市下挫，国债收益率攀升。

欧元对美元汇率小幅升值，日元和多数新兴市场经济体货币对美元贬值。2013年末，欧元对美元汇率收于1.3745，较上年末升值4.2%；日元对美元汇率收于105.30，较上年末贬值17.6%。同期，新兴市场经济体货币对美元汇率出现大范围贬值，巴西雷亚尔、印度卢比、印尼盾、南非兰特和俄罗斯卢布分别贬值13.3%、11.0%、20.8%、19.1%和7.1%。尤其是5月下旬美联储释放退出量化宽松政策信号后，新兴市场经济体普遍遭遇资本流出，8 月下旬印度卢比、印尼盾和泰铢对美元汇率一度较5 月末贬值18%、15%和6%，虽然此后9月份美联储宣布推迟退出量化宽松政策，新兴市场经济体金融市场从前期低点反弹，波动有所缓和，但总体贬值幅度仍然较大。

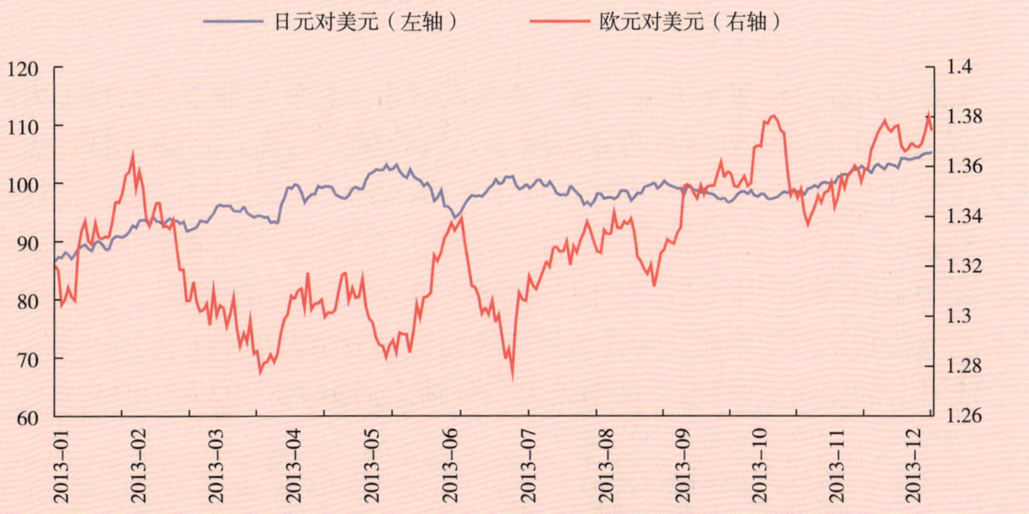

数据来源：路透。

图1-1 主要货币汇率走势

美、德国债收益率上扬，日本国债收益率小幅下降，部分新兴市场经济体国债收益率大幅攀升。2013年末，美国和德国10年期国债收益率分别收于3.04%和2.11%，较上年末分别上升了126个和73个基点；日本10年期国债收益率收于0.736%，较上年末下降了近6个基点。6月份以来，部分新兴市场经济体遭遇从资本流入到流出的逆转，10年期国债收益率持续上升，其中巴西、土耳其、印度尼西亚、南非和俄罗斯升幅较大，截至2013年末，分别较上年末上升了403个、372个、327个、153个和86个基点。

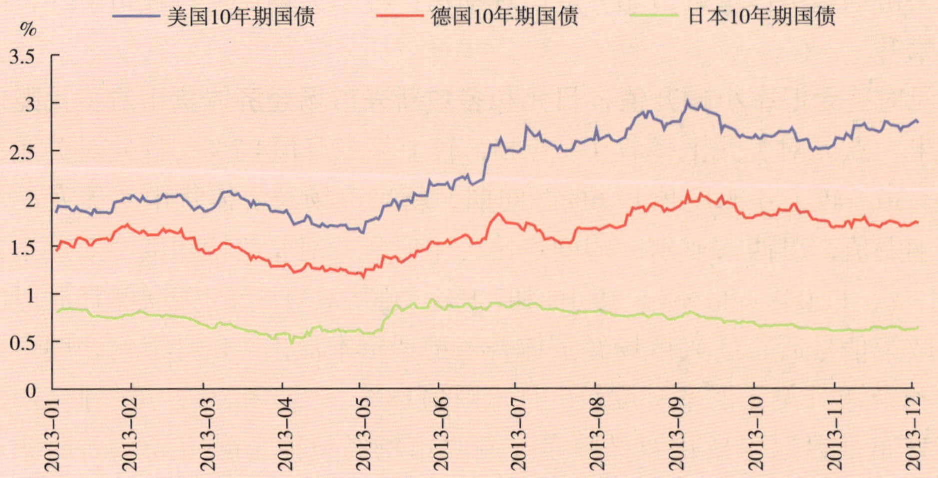

数据来源：路透。

图1-2　主要经济体国债收益率走势

主要发达经济体股市大幅上涨，多数新兴市场经济体股市波动性加大。市场投资者对欧美经济复苏信心有所增强，风险偏好提高，推动主要发达国家股市连创新高。2013年末，道琼斯工业平均指数、欧元区STOXX50指数、日经225指数分别收于16 576.66点、2 919.42点和16 291.31点，较上年末分别上涨26.5%、13.3%和56.7%。另一方面，由于自身存在经济结构问题，且受美国退出量化宽松政策预期影响，一些新兴市场经济体股市波动加大，其中印度尼西亚、土耳其和印度6~9月股指波幅较大，分别达到20.4%、23.0%和15.3%。

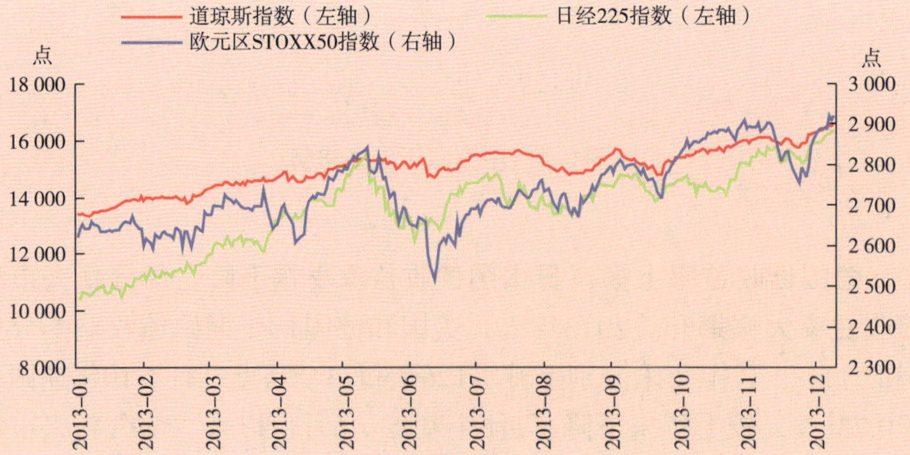

数据来源：路透。

图1-3　主要股指走势

商品价格低位波动，黄金价格持续走低。整体而言，2013年国际大宗商品市场相对低迷，主要商品价格都呈现出弱势整理的格局。2013年底，涵盖全球主要大宗商品的美国商品调查局（CRB）现货综合指数报收456.36点，比上年末下降27.71点。国际金价持续下行，年末黄金市场价格收于1 201.5美元/盎司，较上年末下跌27.8%。受地缘政治局势复杂和市场投机活动等影响，国际原油价格持续震荡，年末纽约轻质原油期货价格同比上升8.4%，伦敦布伦特原油期货价格与上年末基本持平。

数据来源：路透。

图1-4 国际黄金、原油价格走势

三、主要经济体货币政策

2013年全球主要央行的货币政策明显分化，主要发达经济体的货币政策以宽松为主，部分新兴市场经济体货币政策收紧。

美国开始退出量化宽松政策。2013年，美联储维持0~0.25%的联邦基金利率不变，并表示只要失业率仍超过6.5%、未来1~2年通胀率不超过2.5%以及长期通胀预期保持稳定，就将继续维持这一超低利率水平。12月，鉴于就业前景出现改善，美联储决定从2014年1月起将每月资产购买规模从850亿美元降至750亿美元，其中抵押贷款支持证券和长期国债各缩减50亿美元；在资产购买计划全面结束后的相当长时间内，仍将保持高度宽松的货币政策立场，联邦基金利率仍将维持在0~0.25%的目标区间。

欧央行加大宽松货币政策力度。2013年5月，为促进经济复苏，活跃信贷，欧央行将基准利率从0.75%降至0.5%，将边际贷款便利利率从1.5%降至1%。7月，欧央行表示将在更长时间内维持现有或更低的利率水平，这是欧央行首次在利率方面采用“前瞻指引”。11月，由于通货膨胀率超预期下降且信贷投放受到抑制，欧央行将基准利率由0.5%降至0.25%，边际贷款便利利率由1%降至0.75%。

英格兰银行保持宽松货币政策。2013年，英格兰银行继续将基准利率维持在0.5%的历史最低水平，并保持3 750亿英镑的资产购买规模不变。8月，英格兰银行推出前瞻性货币政策指引，表示在失业率下降至7%以前不会调升利率。

日本央行进一步推出宽松货币政策。4月，日本央行决定实施“量化和质化宽松货币政策”（QQE），将基础货币、国债和交易型开放式指数基金（ETF）余额扩大1倍，并将所持国债的平均到期期限延长两倍以上，目标是在两年内将通胀率提高至2%。预计通过这一政策，日本两年后的基础货币将达到270万亿日元，约合2.78 万亿美元，达到名义GDP的56%。

新兴市场经济体货币政策继续分化。部分国家在经济面临下行压力情况下继续维持宽松政策，而一些国家收紧货币政策以应对通货膨胀、资本流出和货币贬值的压力。匈牙利央行12次下调基准利率共275个基点至3%；智利央行2次降低基准利率各25个基点至4.5%，为2011年4月以来的最低水平。印度央行上半年连续3次下调基准利率至7.25%，此后为应对通胀压力，又两次将基准利率提升至目前的7.75%；为应对日益严峻的通胀形势，巴西央行2013年先后6次提高基准利率至10%；印度尼西亚央行先后5次上调基准利率至7.5%。此外，俄罗斯和南非央行宣布维持基准利率不变，以应对通货膨胀压力。

专栏1　美国量化宽松货币政策及对我国金融稳定的影响

为应对2008年国际金融危机，刺激经济增长，美国先后推出多轮量化宽松货币政策，其实施和退出都对全球金融体系产生重要影响，对我国经济金融的影响也不容忽视。

美国量化宽松货币政策主要内容。第一轮量化宽松政策（QE1）推出于次贷危机发生初期。2008年11月25日，美联储首次宣布将购买机构债券和抵押贷款支持债券（MBS），标志着首轮量化宽松政策的开始，2010年3月第一轮量化宽松结束。期间，美联储购买了1.25万亿美元MBS、3 000亿美元的美国国债和1 750亿美元的机构债券，累计达1.725

万亿美元。**第二轮**量化宽松政策（QE2）推出于美国经济复苏过程中的回调期。2010 年第三季度，美国GDP 增速已连续三个季度下降，失业率连续数月保持在9.5%左右，且欧债危机影响不断蔓延。美联储启动第二轮量化宽松计划，在2010年11月至2011年6月期间，每月购买750亿美元的长期美国国债，购买总金额达6 000亿美元。“扭转操作”政策（Operation Twist）推出于美国经济复苏乏力期。美联储自2012年9月14日起，每月购买400亿美元MBS，不设定购买结束时间，且执行卖出较短期限国债、买入较长期限国债的“扭转操作”，货币政策进入“无限量”宽松时代。**第三轮**量化宽松政策（QE3）推出于美国“财政悬崖”期。美联储自2012年12月起，每月购买450亿美元国债，替代2012年12月底到期的“扭转操作”，加上每月400亿美元的MBS，美联储每月资产购买额达到850亿美元。

美国量化宽松政策加大了我国跨境资本流入趋势。一是刺激境外资本流入我国境内，境内企业从香港股市和债券市场的融资也大幅增加。**二是**量化宽松政策直接降低联邦基金利率，使得我国境内外利差大幅升高，增强了跨境资本套取利差的动机。**三是**美国流动性增加，促使美元贬值、人民币升值，也增强了跨境资金通过汇率进行套利的可能。**四是**美国量化宽松政策通过增强经济复苏预期，降低了投资者的风险厌恶程度，促使资金从风险较低的发达经济体资产转移至风险较高的新兴经济体资产。

美国退出量化宽松政策对我国的影响。鉴于宏观经济持续改善，美联储于2013年12月宣布从2014年1月开始削减资产购买规模，标志着持续五年之久的量化宽松政策正式步入退出阶段。考虑到中国持续的经常账户顺差、较低外债、高储蓄率、资本管制以及巨额外汇储备等有利因素，美联储启动退出量化宽松政策不会对中国造成显著冲击，且美国退出量化宽松政策引发的美元升值预期将增强中国出口产品的价格优势，美元走强带动大宗商品价格走低，也会降低我国经济运行成本和输入型通胀压力。但美国退出量化宽松政策可能加大我国资本流动的不确定性，可能引起市场波动。同时，在当前国内外经济金融形势日趋复杂的情况下，美国退出量化宽松政策给我国货币政策带来新的挑战，加大了我国外汇储备管理的难度。

为积极应对上述影响，应采取有效措施，趋利避害，维护我国经济金融稳定。**一是**抓住机遇深化经济金融改革。促进自主创新和产业结构升级，提高经济增长自主性和内生性；按照发挥市场在资源配置中的决定性作用的要求，加快发展国内金融市场，增加市场深度和广度；提高宏观调控的科学性和前瞻性，深化财税制度改革，提高抵御外部风险的能力。**二是**进一步完善人民币汇率市场化形成机制，拓展外汇市场的广度和深度，有序地扩大人民币汇率的波动区间，更多地让市场供求力量决定外汇市场的平衡点，减少跨境资本套利空间。**三是**建立健全宏观审慎管理框架下的外债和资本流动管理体系，完善跨境资本流动的监测和监管，渐进、稳健、有序地推动人民币资本项目开放，努力实现流入流出的双向动态平衡。**四是**推进宏观政策沟通与协调，积极利用多边平台推进多边贸易进程，加强与发达经济体的政策交流，推动新兴市场经济体合作，通过签订货币互换协议等方式共同抵御相关风险。

四、风险与挑战

2013年，世界经济复苏依然缓慢曲折，发达国家经济复苏的道路仍不平坦，新兴经济体面临国际金融环境变动和国内经济结构调整的双重挑战。

美联储能否平稳退出量化宽松政策将成为世界经济面临的重大挑战。量化宽松政策的退出面临两难，过快退出有可能导致长期利率反弹，引发全球金融市场动荡，影响经济增长；相反，如果退出量化宽松政策过迟，将可能产生资产泡沫，增加未来退出的难度。因此，把握好政策退出的时间和节奏至关重要。如果不能实现有序退出，可能会引起长期利率的超预期上升和大幅市场波动，吸引国际资本大量回流，引起美元汇率上升以及大宗商品价格持续下行，从而使国际贸易和世界经济受到不同程度的影响，并加剧金融市场风险。

新兴市场经济体的宏观政策面临国际金融环境变动和国内经济结构调整的双重挑战。一方面，美国退出量化宽松政策对新兴市场经济体的负面冲击可能在一段时间继续存在，部分外部经常账户赤字规模较高、财政状况欠佳的新兴市场经济体可能出现市场动荡甚至经济硬着陆，如2013年中期资本流入的下降已经导致了巴西、印度、印度尼西亚、土耳其及南非的货币大幅贬值。**另一方面**，在外部需求乏力情况下，新兴市场经济体经济增长动力仍有待提高，一些国家面临通货膨胀和财政赤字的压力，且一些长期制约经济发展的结构性问题并非短期内可以靠财政政策和货币政策能够解决，必须依靠体制改革，这要求当局在制定宏观经济政策时需在多种因素之间进行权衡。

欧债危机进入相对平静期，但欧元区整体仍面临诸多长期性、结构性问

题。**一是**经济复苏前景不明朗。虽然2013年下半年欧元区经济有所改善，但社会总需求仍然疲软，失业率处于高位，希腊和西班牙失业率超过25%，且金融市场分割、劳动力市场结构性问题仍未得到解决。**二是**政府债务负担仍然较重，政府债务率继续攀升，财政赤字率虽普遍好于上年，但仍未根本好转。**三是**银行、企业部门与主权债之间的恶性循环在一些成员国持续不断，部分银行脆弱的资产负债表导致其对实体经济融资的意愿和能力下降，从而使私人部门借款利率处于较高水平；主权债息差出现分化，导致受困国家的银行融资成本上升；而企业部门盈利能力不足造成的偿债能力下降，反过来又对银行资产负债表构成压力。

日本经济内在增长动力不足。宽松的货币政策对国内金融市场与银行体系产生了较为积极的影响，但若不能及时实施有效的财政改革和结构性改革，则可能导致通货紧缩再度出现，经济出现下行风险，金融稳定面临威胁。同时，2014年4月即将实施的消费税率提高对日本经济的负面影响可能超过预期，需密切关注。

贸易和投资保护主义风险仍需警惕，地缘政治局势不容乐观。一些发达经济体失业率仍居高位，社会福利减少，而政府缺乏刺激经济增长的政策工具和空间，内部政治极化现象严重，可能引发局部贸易摩擦，对全球经济复苏产生负面影响。此外，西亚、北非等地区政治形势紧张，可能加剧全球大宗商品价格波动，制约全球经济复苏。

五、展望

2014年，世界经济仍将处于低速增长期。根据IMF于2014年1月发布的《世界经济展望——最新预测》，2014年和2015年世界经济预计将分别增长3.7%和3.9%。同时，世界经济下行风险持续存在，能否顺利实现主要发达国家货币政策正常化和新兴市场国家经济"软着陆"，是维护世界经济金融稳定的关键。

美国2013年底达成的预算协议及2014年初通过的提高债务上限法案减轻了未来两年的财政减支压力，将对经济回升起到促进作用，房地产市场和劳动力市场将继续改善。IMF预计其经济增长率将从2013年的1.9%上升到2014年的2.8%。经济持续增长为货币政策正常化奠定了基础，但美国仍需采取灵活措施，顺利实现政策的平稳过渡，以避免对自身乃至全球经济金融稳定造成负面冲击。**一是**就货币政策制定更清晰及时的沟通策略，不断完善前瞻性指引，确保量化宽松政策有序退出；**二是**管理好市场波动性上升和资产组合调整的负面影响，克服市场流动性的结构性不足，尤其要防范影子银行体系（特别是房地产抵押投资信托部门）杠杆率较高的风险；**三是**如出现不利冲击，需采取应急措施以化解金融市场的剧烈波动。

欧元区处于从衰退到复苏的转折点，IMF预计其2014年经济增长率将提高至1%。下一步，欧元区要采取积极措施，不断促进产出增长，增强市场信心。**一是**通过改革为劳动力市场创造公平的竞争环境，清除产品和服务市场的进入障碍；**二是**进行全面透明的资产负债表评估和压力测试，并制订可靠的资本补充计划，恢复投资者对欧元区银行体系的信心；**三是**恢复对经济尤其是中小企业的正常贷款，促使信贷资金有效流向拉动经济增长的部门，同时要积极解决企业债务负担较重问题，采取综合措施清理企业债务，完善企业破产框架；**四是**加快建立银行业联盟，推动单一处置机制和单一存款保险制度建设。此外，英国得益于宽松的信贷条件和市场信心的增强，IMF预计其2014年经济增长率为2.4%。

日本政府采取的临时性财政刺激将在一定程度上抵消2014年初提高消费税带来的影响，IMF预计其2014年经济增长1.7%。当局需要继续推动财政改革和结构性改革，以避免经济出现下行风险。**一是**积极应对消费税率提高对经济的负面影响，推动实施全面的经济增长战略，放开相关行业的政策管制，增强企业投资意愿，改革劳动力市场，提高经济增长预期；**二是**尽快制订中期财政计划，努力推进可信赖的财政重整，避免政府债券风险溢价大幅上升，缓解主权债务风险；**三是**推动银行增加对企业部门的信贷，减轻对政府债券资产的依赖，降低银行尤其是区域性银行面临的利率风险。

新兴市场经济体受益于发达经济体的需求增加，以及一些正在实施的结构性改革，IMF预计其2014年经济增长率为5.1%，但一些国家的国内需求仍然可能弱于预期，经济增长乏力。不同经济体由于存在产出缺口、通货膨胀压力、政策回旋空间等差异，其政策组合也各不相同，但都应考虑采取以下措施：**一是**积极强化经济基本面，进行新一轮的结构性改革，包括社会保障、收入分配、财政体制、税收、能源、交通、教育和医疗保障等方面，提高自身的长期增长潜力；**二是**采取有效的政策缓冲以应对可能出现的大规模资本流出，允许汇率在市场供求的基础上浮动，可考虑利用中央银行货币互换来应对市场动荡，储备充足的国家可进行适度的干预以平抑市场波动；**三是**增强货币政策灵活性与公信力，实施财政整顿；**四是**积极监测和应对企业杠杆率水平的快速上升，提高银行体系抵御外部冲击的能力。

各经济体需要加强国际政策协调。作为国际储备货币发行者，主要发达国家央行应向其他国家阐明其政策立场和实施方案，以稳定市场流动性预期。各国应在监管和宏观审慎政策方面加强合作，增强金融体系稳健性。二十国集团（G20）、金融稳定理事会（FSB）和IMF等国际组织在加强风险监测、协调国际政策等方面应继续发挥重要作用，帮助各国应对不同的政策挑战。

第二章

中国经济金融运行

2013年，面对国内外错综复杂的经济形势，我国坚持统筹稳增长、调结构、促改革，继续实施积极的财政政策和稳健的货币政策，持续释放市场活力，经济运行稳中向好，为全面贯彻落实党的十八届三中全会改革蓝图奠定了坚实基础。

一、宏观经济运行

（一）经济增长稳中向好，产业结构持续优化

国家统计局初步核算数据显示，2013年我国名义GDP总额达到56.88万亿元，同比增长7.7%，第一至第四季度GDP同比分别增长7.7%、7.5%、7.8%、7.7%，走势稳中趋好。分产业看，第一产业增加值5.70万亿元，增长4%，其中粮食总产量达6.02亿吨，连续十年增产；第二产业增加值24.97万亿元，增长7.8%，全国规模以上工业增加值增长9.7%，增速比上年下降3.1个百分点；第三产业增加值26.22万亿元，增长8.3%。从产业增加值占GDP的比重看，第一产业为10.0%，比上年下降0.1个百分点；第二产业为43.9%，比上年下降1.4个百分点；第三产业为46.1%，比上年上升1.5个百分点，首次超越第二产业。第三产业的快速发展增强了劳动力吸纳能力，保证了就业稳定，为下一步经济社会改革创造了条件。

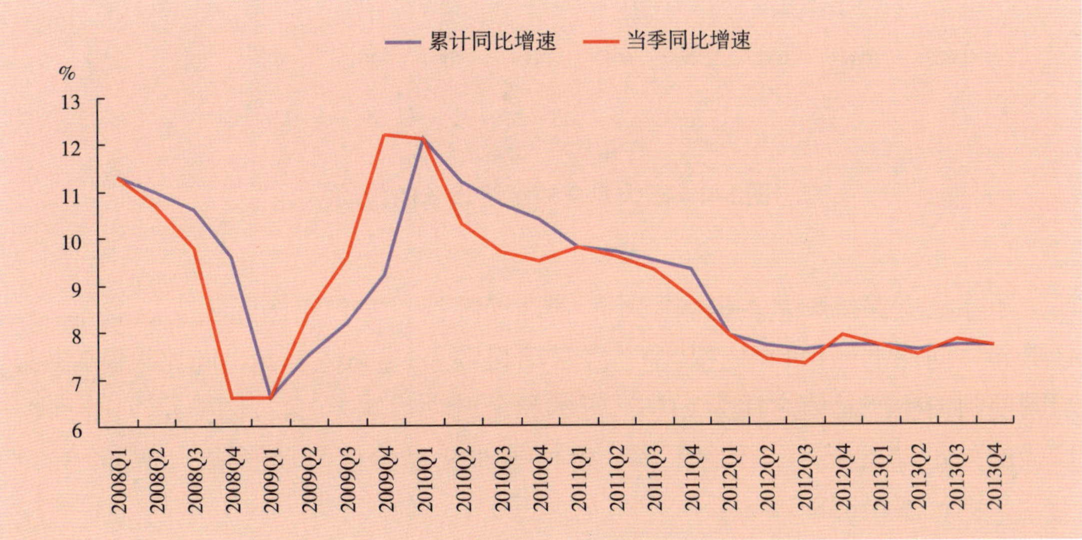

数据来源：国家统计局。

图2-1　中国经济增长情况

（二）国内需求平稳增长，进出口增速回升

2013年，全社会固定资产投资44.71万亿元，同比增长19.3%，扣除价格因素实际增长18.9%。社会消费品零售总额23.44万亿元，同比增长13.1%，扣除价格因素实际增长11.5%。货物进出口总额25.83万亿元，扣除汇率因素同比增长7.6%，比上年提高1.4个百分点。其中，出口13.72万亿元，增长7.9%；进口12.11万亿元，增长7.3%，我国成为全球最大贸易国。全年贸易顺差1.61万亿元，同比增长12.8%。消费、投资和净出口分别拉动经济增长3.9个、4.2个和-0.3个百分点，分别比上年下降0.2个百分点、上升0.3个百分点和下降0.1个百分点（见图2-2）。经济的内生增长动力尚待增强。

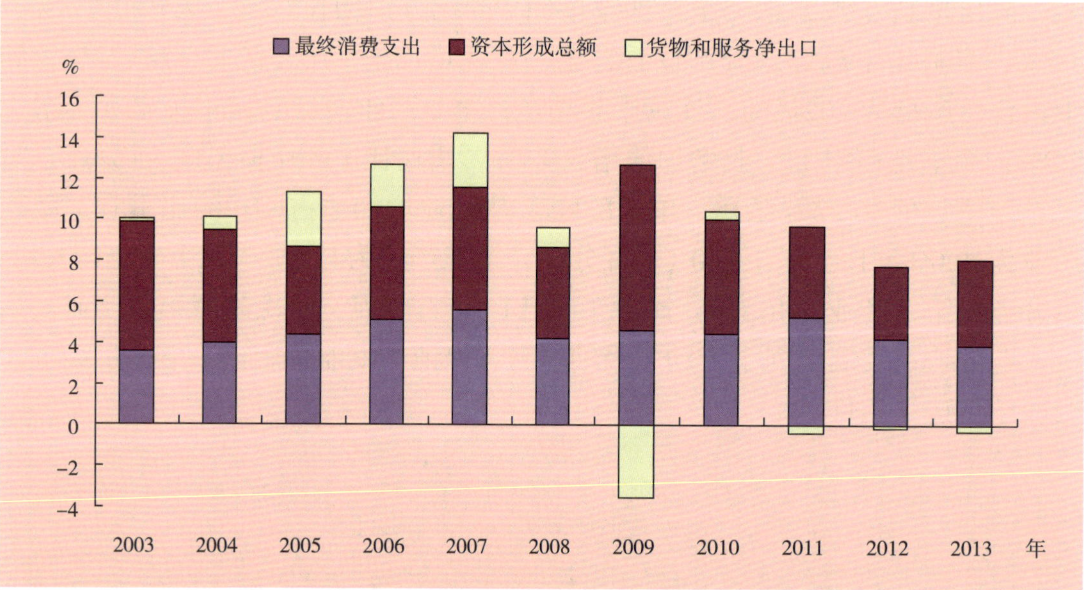

数据来源：国家统计局。

图2-2　三大需求对经济增长的拉动率

国际收支保持顺差。据国家外汇管理局统计，2013年国际收支总顺差4 313亿美元，同比上涨144.6%。其中，经常项目顺差1 886亿美元，同比下降2.3%，与同期国内生产总值之比为2.1%；资本和金融项目顺差2 427亿美元。国际收支口径的外汇储备资产（不含汇率、价格等非交易价值变动影响）增加4 327亿美元，同比多增338.5%。

（三）物价水平总体稳定

2013年，居民消费价格指数（CPI）同比上涨2.6%，与上年持平。食品

价格上涨4.7%，较上年回落0.1个百分点；非食品价格上涨1.6%，与上年持平；消费品价格上涨2.5%，服务价格上涨2.9%。工业生产者出厂价格指数（PPI）同比下降1.9%，其中，生产资料价格同比下降2.6%，生活资料价格同比上涨0.2%。煤炭、有色金属、化纤和造纸等行业PPI同比分别下降11.3%、5.4%、4.4%和2.3%，下跌幅度居前。工业生产者购进价格（PPIRM）同比下降2.0%。

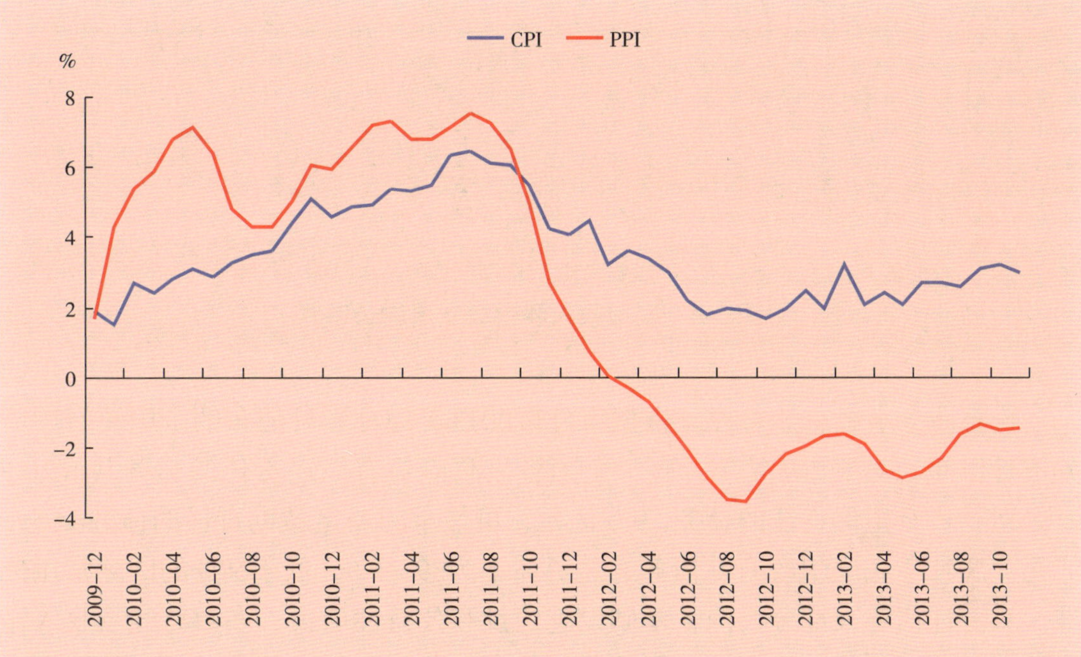

数据来源：国家统计局。

图2-3　主要物价指数月度同比走势

（四）财政收支基本平衡，政府债务风险总体可控

2013年，我国公共财政收入12.91万亿元，同比增加1.19万亿元，增长10.2%，增速比上年回落2.8个百分点。其中，中央财政收入6.02万亿元，占全国财政收入的46.6%，同比增长7.1%；地方财政收入6.9万亿元，同比增长12.9%。从收入结构看，税收收入11.05万亿元，占财政收入的85.6%；非税收入1.86万亿元，同比增长12.1%，增速比上年回落5.6个百分点。全年公共财政支出13.97万亿元，同比增加1.38万亿元，增长10.9%，增速比上年回落4.4个百分点（见图2-4）。全年财政赤字1.2万亿元，与同期GDP之比为2.1%，低于3%的国际标准。

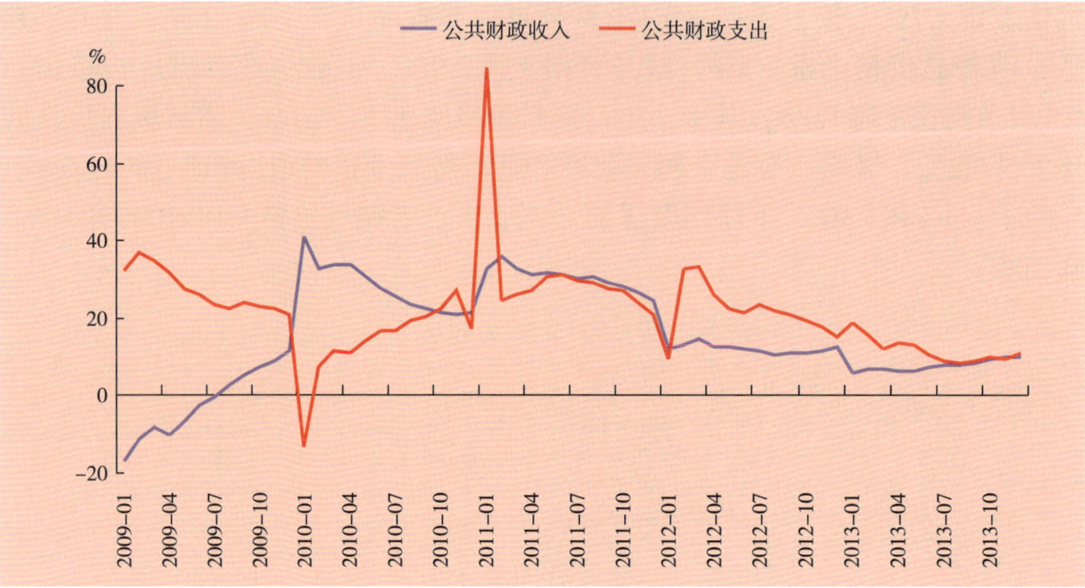

数据来源：国家统计局。

图2–4 财政收入和财政支出增长率

政府债务水平总体可控。根据审计署2013年12月30日公布的全国政府性债务审计结果，截至2013年6月底，全国各级政府负有偿还责任的债务共计20.7万亿元，负有担保责任的债务2.9万亿元，可能承担一定救助责任的债务6.65万亿元。2012年底全国政府性债务的总负债率为39.43%，低于60%的国际常用标准。政府性债务大部分投向了基础设施建设和公益性项目，多数有经营收入作为偿债来源，风险总体可控。但部分地方和行业债务负担较重，债务偿还压力较大。

（五）工业企业利润继续增长，资产负债率较高

主营业务收入和利润增速回升。2013年，全国规模以上工业企业主营业务收入同比增长11.2%，增速比上年同期①上升0.4个百分点，实现利润总额同比增长13.2%，增速比上年上升10.2个百分点。5 000户工业企业主营业务收入同比增长4.1%②，增速同比下降0.7个百分点③。全国规模以上工业企业利润总额

① 对于全口径规模以上工业企业效益数据，国家统计局只统计1~2月、1~5月、1~8月、1~11月的数据，对于其他月份和全年数据，只有22个省市的汇总数据。因此，此处仅以2013年1~11月的数据来说明2013年全年规模以上工业企业的生产经营情况，本报告其他处也做同样处理。

② 由于样本企业调整和企业上报时间的不一致，2013年末数据均用2013年11月末的数据代替，与国家统计局保持一致，本报告其他处也做同样处理。

③ 由于样本企业调整、企业上报数据时间的不一致、5 000户企业财务数据须根据企业报送进行持续更新等原因，本报告所用2012年末数据均为最新的、经过调整后的数据，可能与上年报告中的数据存在一定差异。

同比增长13.2%，增速比上年同期提高10.2个百分点。5 000户工业企业利润总额同比增长2%，增速同比上升18.8个百分点。

资产周转率小幅下降，营业周期略有延长。2013年，5 000户工业企业存货周转率为5.4次。其中，产成品存货周转率为20.9次，同比下降0.6次；原材料存货周转率为14.9次，同比下降0.7次。总资产周转率为0.9次。5 000户企业的营业周期为131.7天，同比增加5.1天。

资产负债率较高，偿债能力有所下降。2013年末，5 000户工业企业资产负债率上升至62.2%，同比上升0.4个百分点，5 000户工业企业的流动比率为104.1%，同比下降1.3个百分点，速动比率为75%，同比下降1个百分点（见图2–5），利息保障倍数为4.4倍，同比下降0.1倍。

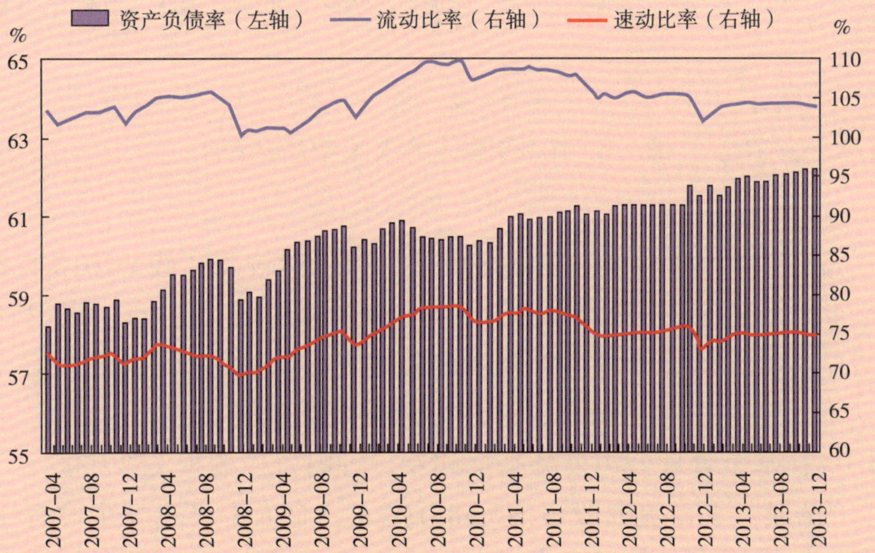

数据来源：中国人民银行。

图2–5　5 000家企业资产负债率、流动比率和速动比率

（六）就业保持基本稳定，居民收入继续增加

2013年，城镇新增就业人口1 310万，比上年多增44万人。城镇居民人均可支配收入26 955元，扣除价格因素实际增长7%，增速比上年下降2.6个百分点，比GDP增速低0.7个百分点。农村居民人均纯收入8 896元，扣除价格因素实际增长9.3%，增速比上年下降1.4个百分点，高于GDP增速1.6个百分点（见图2–6）。

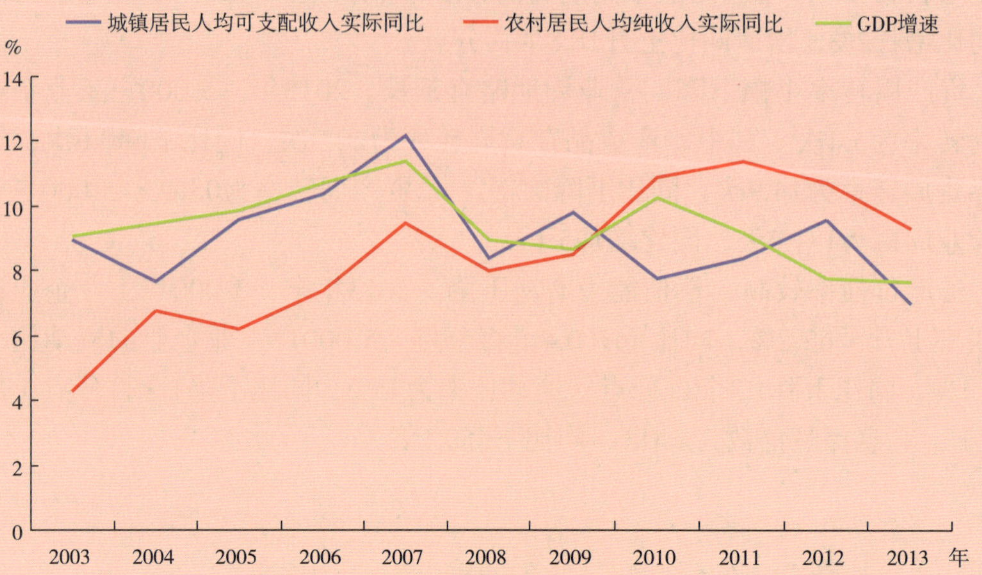

数据来源：国家统计局。

图2-6 城乡居民人均收入与GDP增速

住户部门债务水平较低。我国居民储蓄率仍然较高，截至2013年末，住户存款余额44.5万亿元，同比增长8.5%，增速下降8.1个百分点。居民存款理财化趋势明显，银行存续理财资金余额9.5万亿元，同比增长41.8%，信托计划余额10.91万亿元，同比增长46%，证券公司管理受托资金规模5.2万亿元，同比增长175.1%，基金管理公司公募基金和专户理财资产规模3.53万亿元，个人投资者持有的A股已上市流通股市值5.58万亿元。个人不良贷款余额有所增加，不良率依然保持下降。截至2013年末，个人不良贷款余额①（包括非经营贷款和经营性贷款）3 203.6亿元，比年初增加432.5亿元，不良率1.6%，比年初降低0.1个百分点。个人住房按揭贷款、个人信用卡贷款和个人汽车贷款的不良额都有所增加，分别为232亿元、262.4亿元和39.7亿元，分别比年初增加21.1亿元、107.5亿元和6亿元。截至2013年末，个人住房按揭贷款、个人信用卡贷款和个人汽车贷款不良率分别为0.3%、1.3%和1.2%。

① 不良贷款数据来自中国银监会。此部分数据2007—2008年统计范围包括政策性银行、国有商业银行、股份制商业银行、城市商业银行、农村商业银行、农村合作银行、外资法人机构及其分行、外国银行分行、城市信用社（包括单一法人社和保留社）、农村信用社、企业集团财务公司、信托投资公司、金融租赁公司和汽车金融公司，2009年后统计范围增加中国邮政储蓄银行。

专栏2　房地产市场运行情况

2013年，房地产市场运行总体基本平稳，呈现量价齐升的态势，区域分化明显，房地产投资趋于稳定，房地产贷款稳步增长。

房地产市场量价齐升，区域分化明显。2013年，全国商品房累计销售面积13.1亿平方米，同比增长17.3%，增速比上年提高15.5个百分点。全国商品房销售额8.1万亿元，同比增长26.3%，增速比上年提高16.3个百分点，其中，东、中部商品房销售额增速均超过25%，明显高于西部地区。房价同比上涨的城市个数明显增加。12月，全国70个大中城市中，新建商品住宅价格同比上涨的城市个数为69个，比1月增加16个，房价同比涨幅达到和超过10%的城市个数逐月增加，12月达到28个，部分城市连续4个月同比涨幅超过20%。

房地产开发投资平稳增长。2013年完成房地产开发投资8.6万亿元，同比增长19.8%，增速比上年高3.6个百分点。房屋新开工面积20.1亿平方米，同比增长13.5%，而2012年同比下降7.3%。保障性安居工程建设超额完成年初计划，全年各类保障房基本建成540万套，新开工660万套。

房地产贷款稳步增长。截至年末，主要金融机构①（含外资，下同）房地产贷款余额14.6万亿元，同比增长19.1%（见图2–7），增速比上年增加6.3个百分点。房地产贷款余额占各项贷款余额的21%，同比增加1.2个百分点。全年新增房地产贷款2.3万亿元，同比多增9 987亿元，新增贷款额占各项贷款新增额的28.1%，比上年高10.7个百分点。个人住房贷款增速高位趋稳，年末个人住房贷款余额9.0万亿元，同比增长21.0%，增速比上年末高8.0个百分点。全国保障性住房开发贷款余额7 260亿元，是2009年末629亿元的11.5倍；同比增长26.7%，增速比住房开发贷款增速高10.9个百分点。

① 主要金融机构（含外资）包括中资银行（不含村镇银行）、城市信用社、农村信用社和外资银行。

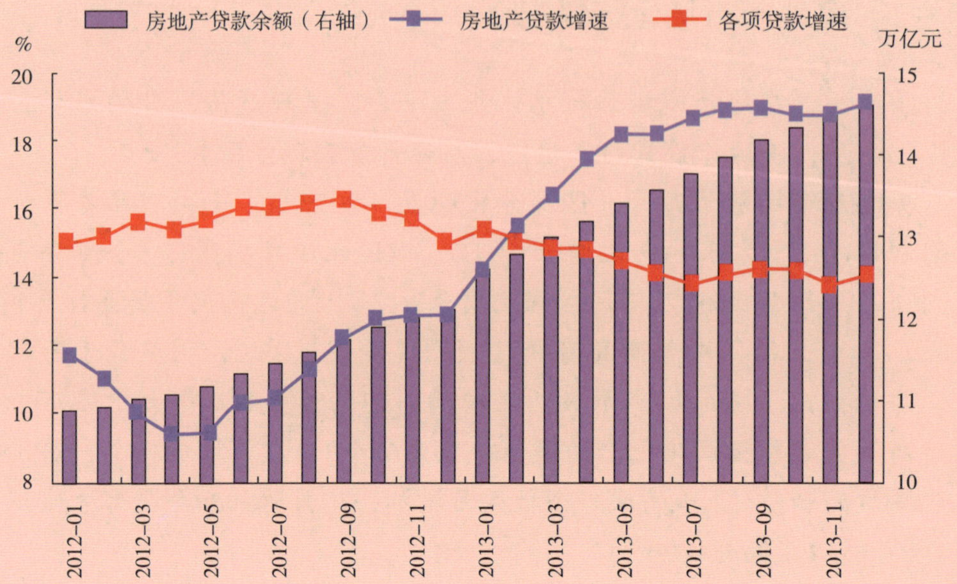

数据来源：中国人民银行。

图2-7　主要金融机构房地产贷款余额及增速

二、货币金融运行

2013年，我国继续实施稳健的货币政策，健全宏观审慎政策框架，加强窗口指导和货币信贷政策引导，进一步推进利率市场化改革和完善人民币汇率形成机制。全年货币信贷和社会融资增长趋近于预期目标，融资结构和信贷结构继续优化和改善，货币金融环境基本稳定。

（一）货币信贷平稳增长

货币供应量向预期目标逐步回归。2013年末，广义货币（M_2）余额为110.7万亿元，同比增长13.6%，增速比年内最高点回落2.5个百分点，比上年末低0.2个百分点，继续保持适度增长的态势；狭义货币（M_1）余额为33.73万亿元，同比增长9.3%，增速比上年末高2.8个百分点；流通中货币（M_0）余额为5.86万亿元，同比增长7.1%；全年净投放现金3 899亿元，与上年基本持平。

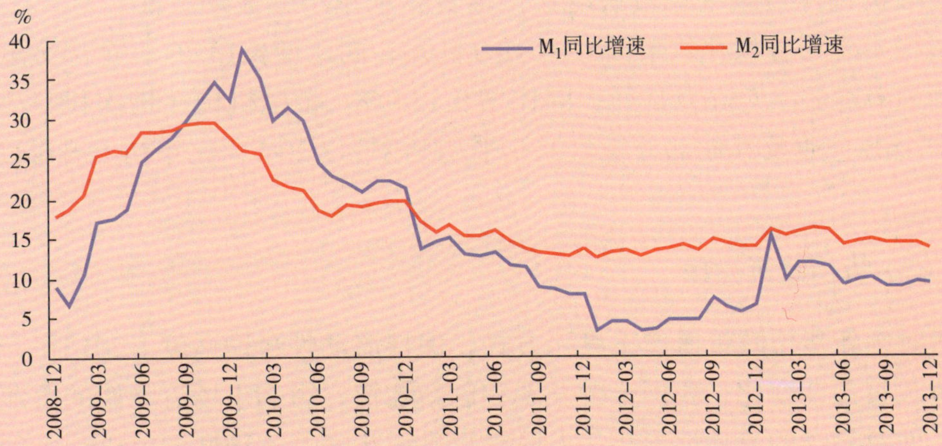

数据来源：中国人民银行。

图2-8　货币供应量增长情况

社会融资规模有所扩大，融资结构多元发展。初步统计，2013年全年社会融资规模为17.29万亿元，比上年增加1.53万亿元，金融体系对实体经济的资金支持力度有效提升。从结构看，一是人民币贷款占全年社会融资规模的51.4%，为年度历史最低水平，较上年低0.6个百分点。二是外币贷款比上年少增较多，主要是下半年同比少增6 340亿元。三是企业债券融资少于上年，股票融资继续处于较低水平。四是委托贷款和信托贷款增加较多，拉动表外融资占比大幅上升。全年实体经济以委托贷款、信托贷款和未贴现的银行承兑汇票方式合计融资占全年社会融资规模的29.9%，占比较上年高7.0个百分点。

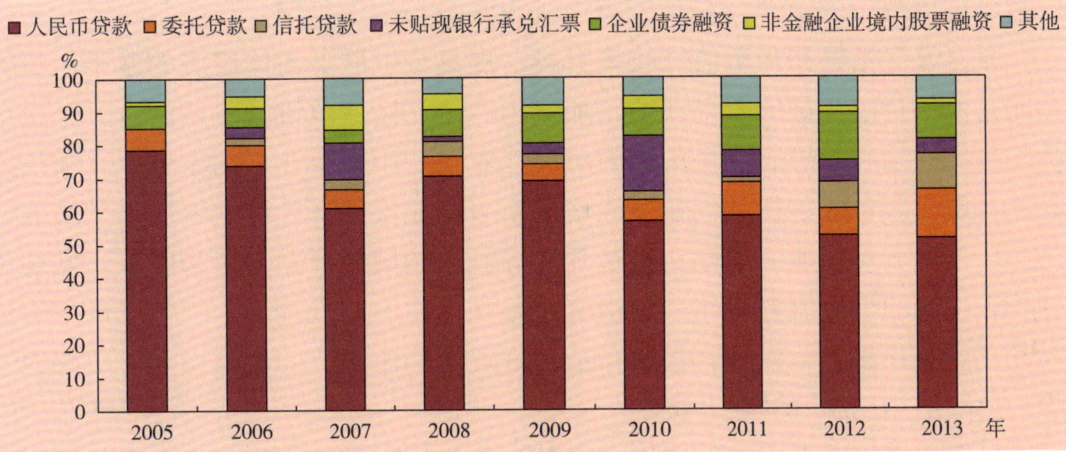

数据来源：中国人民银行。

图2-9　不同融资方式在社会融资规模中占比

金融机构存贷款平稳较快增长，存贷款利率小幅波动。2013年末，全部金融机构本外币各项存款余额为107.1万亿元，同比增长13.5%；全部金融机构本外币贷款余额为76.6万亿元，同比增长13.9%。金融机构存贷款利率小幅波动，非金融企业及其他部分贷款加权平均利率为7.20%，比年初上升0.42个百分点。

（二）货币政策操作

适时创新货币政策操作工具和方式，保持流动性合理适度。2013年，主要经济体政策预期变化，我国金融发展和创新加快，影响市场流动性的短期因素较多。面对复杂的流动性形势，人民银行进一步完善流动性调节机制，创设短期流动性调节工具（SLO）和常备借贷便利（SLF），综合运用多种流动性管理工具，做好预调微调，同时加强与市场的信息沟通，督促商业银行加强自身流动性管理。对部分到期的三年期央票开展续做，把适度冻结长期流动性与提供必要的短期流动性支持结合起来。2014年1月，在部分省市开展分支机构常备借贷便利操作试点，向符合条件的中小金融机构提供短期流动性支持，完善了中央银行对中小金融机构提供正常流动性的渠道。

发挥宏观审慎政策的逆周期调节及结构引导作用。根据国内外经济金融形势变化以及金融机构稳健性状况和信贷政策执行情况，调整差别准备金动态调整机制的有关参数，充分发挥逆周期和预调微调的作用，引导信贷平稳适度增长，进一步鼓励和引导金融机构加大对小微企业、“三农”等薄弱环节及中西部欠发达地区的信贷支持力度。差别准备金动态调整措施与公开市场操作、存款准备金、利率等传统货币政策工具相配合，实现了数量型、价格型调控以及与宏观审慎政策的结合，有利于兼顾货币政策与金融稳定。

加强窗口指导和货币信贷政策引导，提高金融服务实体经济的水平。积极改进完善信贷政策导向效果评估，加强与产业、区域政策的协调配合，整合金融资源，鼓励和引导金融机构加大对“三农”、小微企业、国家重点在建续建项目、现代服务业、科技创新、战略性新兴产业等经济社会发展重要领域的金融支持，加大对就业、助学、扶贫开发等民生领域的金融支持和服务，做好化解产能过剩的金融服务工作。严格实施差别化住房信贷政策。扎实推进扩大信贷资产证券化试点，发挥其盘活存量信贷资产的作用。信贷结构变化更好地支持了经济结构调整和转型升级。

利率市场化改革迈出新步伐。一是全面放开金融机构贷款利率管制。2013年7月20日，人民银行取消金融机构贷款利率下限，放开票据贴现利率管制，同时对农村信用社贷款利率不再设立上限。二是建立健全市场利率定价自律机制。在符合国家有关利率管理规定的前提下，由金融机构对自主确定的货币市场、信贷市场等金融市场利率进行自律管理。三是建立并正式运行贷款基础利率（LPR）集中报价和发布机制，为金融机构信贷产品市场化定价提供参考，市场基准利率报价从货币市场拓展至信贷市场。四是稳步推进同业存单发行交易，扩大负债产品市场的定价范围，发布《同业存单管理暂行办法》，年内10家金融机构分别顺利发行首批同业存单。

进一步完善人民币汇率形成机制，深化外汇管理体制改革。2013年以来，人民币汇率双向浮动弹性继续增强，预期总体平稳，国际收支状况继续改善。12月末人民币对美元汇率中间价为6.0969元，比上年末升值3.09%。2013年经常项目顺差与GDP之比为2.1%，处于国际公认的可持续水平。跨境人民币业务管理不断优化，双边货币合作不断拓展，人民币跨境使用进一步扩大。继续推进外汇管理体制改革，在稳步推动人民币资本项目可兑换的同时，不断完善跨境资金流动监管，果断启动跨境资金异常流入应对预案，主要采取宏观审慎政策工具和市场化调节手段，有效防范跨境资金异常流入，外汇收支逐步回落到均衡区间。

三、展望

当前，我国发展仍处于大有作为的战略机遇期，经济发展长期向好的基本面没有改变，工业化、城镇化持续推进，区域发展回旋余地大，今后一个时期保持经济中高速增长有基础也有条件。但也要看到，国际经济形势依然错综复杂，国内经济稳中向好的基础还不稳固，经济下行压力依然存在，经济发展中不平衡、不协调、不可持续的问题尚未得到根本解决。对投资和债务的依赖还在上升，经济金融的内生增长动力尚待增强。部分行业产能过剩严重，影响生产要素的合理配置。社会融资结构仍不合理，间接融资比例依然偏高。经济金融领域的潜在风险值得关注，结构调整和转变发展方式的任务艰巨。

2014年是全面贯彻落实党的十八届三中全会精神、全面深化改革的第一年，也是完成“十二五”规划目标任务的关键一年。要继续坚持稳中求进的工作总基调，保持宏观经济政策的连续性和稳定性，增强宏观调控的前瞻性、针对性和协同性，把改革创新贯穿于经济社会发展各个领域、各个环节，着力激发市场活力，加快转方式、调结构，切实提高经济发展质量和效益，促进经济持续健康发展。

加快转变政府职能，发挥市场在资源配置中的决定性作用。切实转变政府职能，深化行政体制改革，创新行政管理方式，增强政府公信力和执行力。加快形成企业自主经营、公平竞争，消费者自由选择、自主消费，商品和要素自由流动、平等交换的现代市场体系，着力清除市场壁垒，提高资源配置效率和公平性。建立统一开放、竞争有序的市场体系，完善反映市场供求关系、资源稀缺程度、环境损害成本的生产要素和资源价格形成机制。加快推进利率市场化，进一步健全市场利率定价自律机制，提高金融机构自主定价能力。完善人民币汇率市场化形成机制，加快实现人民币资本项目可兑换，切实防范跨境资金流动风险。建立管理规范、运行长效、风险可控的地方政府融资机制，以市场化方式化解地方政府债务。

健全宏观调控体系，继续实施积极的财政政策和稳健的货币政策。健全以国家发展战略和规划为导向、以财政政策和货币政策为主要手段的宏观调控体系。推进宏观调控目标和政策手段运用机制化，加强财政政策、货币政策与产业、价格等政策手段协调配合，提高相机抉择水平。根据形势变化，灵活运用数量、价格等多种货币政策工具并完善工具体系，把好流动性总闸门，保持货币市场稳定，保持货币信贷和社会融资规模平稳适度增长。健全宏观审慎政策框架，根据经济景气变化、金融机构稳健状况和信贷政策执行情况等进行适时适度调整，继续发挥其逆周期调节和结构引导作用。

加大金融对结构调整和转型升级的支持力度。通过深化改革，盘活存量，优化增量，提高资金使用效率。进一步加强信贷政策与产业政策的协调配合，促进重点行业结构调整。引导金融机构加大对国家重点在建续建项目、“三农”、小微企业、现代服务业、新兴产业等重点领域和行业的金融支持，严格控制对产能严重过剩行业新增产能项目、违规在建项目和环境违法项目新增授信，落实好差别化住房信贷政策。积极发展普惠金融，改进小微企业金融服务，鼓励金融机构加大对经济社会发展薄弱环节的支持力度。支持加快发展民营金融机构，鼓励和引导民间资本进入金融服务领域，为实体经济提供必要的竞争性金融供给，解决部分基层地区和小微企业金融服务供给不足的问题。

加快金融创新，优化金融结构。为全面提升金融服务实体经济的能力和水平，需要加快金融创新。一是加快建设多层次资本市场。规范发展债券市场，深化股票市场新股发行制度市场化改革，完善上市公司投资者回报机制，健全退市制度，提高上市公司质量。二是继续优化直接融资工具。在扩大信贷资产证券化试点的基础上，推进资产证券化常规化发展，为金融机构进行资产、负债调整开辟正规渠道，引导金融机构在满足实体经济融资需求的同时，防范可能的系统性风险。三是推进金融机构股权多元化，不断完善金融机构公司治理，切实放宽民间资本进入金融业的有关条件，逐步形成资本结构多元、竞争充分、差异化经营的金融机构体系。四是推动大型银行与中小银行、新型农村金融机构实现差异化经营。引导中小金融机构立足当地，突出特色，更多地支持小微企业和服务“三农”。

切实维护金融体系稳定。进一步健全现代金融企业制度，完善宏观审慎管理，加强金融监管，引导金融机构稳健经营，不断强化监管协调和合作，防范跨行业、跨市场风险传递。加强金融机构风险处置机制建设，建立存款保险制度，完善市场化的金融机构退出机制，建立维护金融稳定的长效机制。

专栏3　金融支持中国（上海）自由贸易试验区建设

2013年8月22日，国务院正式批准设立中国（上海）自由贸易试验区（以下简称“试验区”）。试验区建设的核心目标是建立符合国际化和法制化要求的跨境投资和贸易规则体系，培育国际化和法制化的国际营商环境，力争建设成为具有国际水准的投资贸易便利、货币兑换自由、监管高效便捷、法制环境规范的自由贸易试验区。

2013年12月2日，中国人民银行出台《关于金融支持中国（上海）自由贸易试验区建设的意见》（以下简称《意见》）。在试验区建设总体方案指导下，《意见》以“服务实体经济，便利跨境投资和贸易”为指导思想，坚持开放创新、先行先试，探索投融资汇兑便利，着力推进人民币跨境使用，稳步推进利率市场化，深化外汇管理改革。通过金融支持举措，拓展区内实体经济的成长空间，培育其竞争实力，促进其在更高水平参与国际合作与竞争。

金融支持试验区实体经济发展、便利跨境投资和贸易具体包括以下内容：一是探索投融资汇兑便利化，推动资本项目可兑换进程，进一步扩大试验区对外开放，支持企业“走出去”。二是扩大人民币跨境使用，使区内企业和个人更加灵活使用本币进行跨境交易，降低汇兑成本，减少汇率风险。三是稳步推进利率市场化，加快改革进程，支持实体经济发展。四是深化外汇管理改革，进一步减少行政审批，逐步建立与之相适应的外汇管理体制。

在实施步骤和风险防范上，《意见》坚持以“风险可控、稳步推进，适时有序组织试点”为原则，对于《意见》的具体改革条款，“成熟一项、推动一项”，根据条件成熟程度，分步逐项推出实施细则或操作办法，确保改革试点工作有序进行。《意见》着重从宏观审慎管理的角度，制定了一系列风险防范措施，实施全过程风险管理。加强区内企业贸易真实性和诚信管理，切实防范企业利用虚假贸易进行非法套利活动；加强反洗钱、反恐怖融资、反逃税等方面监测，密切关注跨境异常资金流动，强化对试验区短期投机性资本流动的监管。

建立试验区是党中央、国务院在新形势下为全面深化改革和扩大开放探索新途径的重大举措。作为推进改革和提高开放性经济水平的“试验田”，试验区肩负着积累新经验的重要使命，通过探索金融支持实体经济发展和投资贸易便利化的可复制、可推广的创新业务及管理模式，将发挥示范带动、服务全国的积极作用。

第三章

银行业

2013年，银行业认真贯彻落实国家宏观调控政策，努力提升金融服务质量和水平，总体运行平稳健康，在服务实体经济、推进改革转型方面取得积极成效。但部分行业、领域和地区的风险有所积累，需要进一步深化改革，加大创新，强化风险管理，增加抵御风险冲击的能力。

一、运行状况

（一）资产负债规模增速放缓，竞争程度不断上升

资产负债规模增速放缓。截至2013年末，银行业金融机构资产总额151.35万亿元，比上年末增加17.73万亿元，同比增长13.27%，增速同比下降4.63个百分点；负债总额141.18万亿元，比上年末增加16.23万亿元，同比增长12.99%（见图3-1），增速同比下降4.8个百分点。五家大型商业银行资产占比43.34%，比上年下降1.59个百分点，股份制商业银行、城市商业银行、农村金融机构（含农村商业银行、农村合作银行、农村信用社）资产占比分别比上年提高0.19个、0.79个和0.51个百分点。

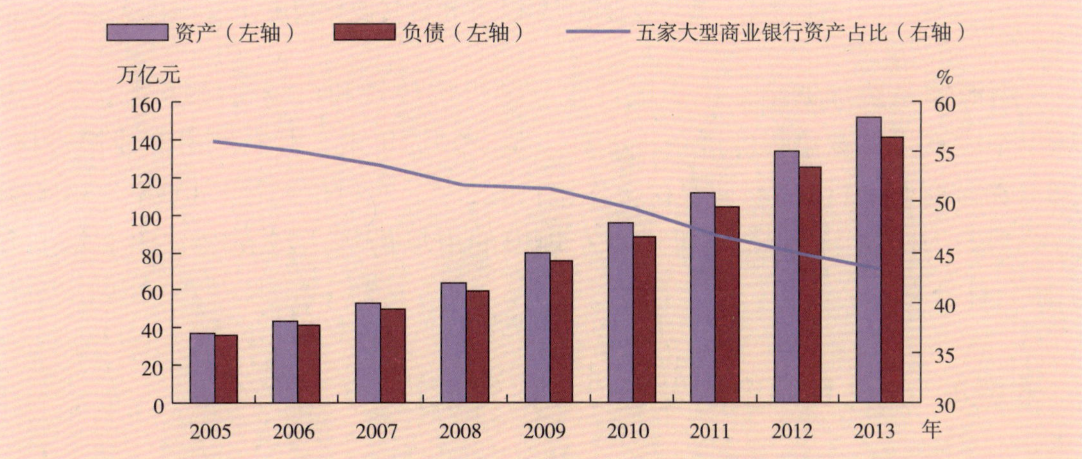

数据来源：中国银监会。

图3-1　银行业金融机构资产负债情况

存贷款保持平稳增长。截至2013年末，银行业金融机构本外币各项存款余额107.1万亿元，比上年末增加12.7万亿元，同比增长13.5%，增速同比下降0.56个百分点；各项贷款余额76.6万亿元，比上年末增加9.3万亿元，同比增长13.8%，增速同比下降1.76个百分点（见图3-2）。从期限看，人民币中长期

贷款比上年末增加4.6万亿元，同比多增1.7万亿元，在新增人民币贷款中占比51.6%，比上年末高16.5个百分点；包含票据融资在内的短期贷款平稳增长，比上年末增加4.1万亿元。分机构看，大型商业银行、城市商业银行和农村金融机构贷款同比多增较多。从用途上看，与项目投资密切相关的企业固定资产贷款比上年末增加1.58万亿元，经营性贷款比上年末增加2.96万亿元。

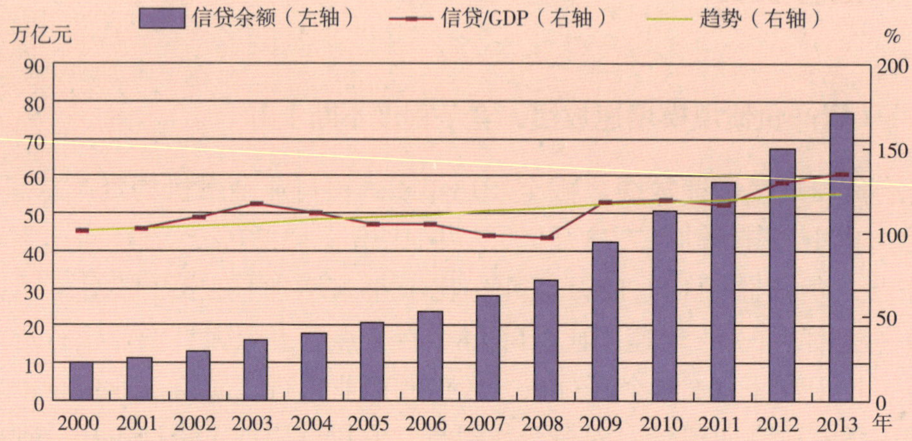

数据来源：中国人民银行和国家统计局。

图3-2 银行业金融机构人民币信贷变化情况

组织体系更加健全。中小银行业金融机构数量和市场份额继续上升，市场集中度下降，竞争程度进一步提高。截至2013年末，共有城市商业银行145家、农村商业银行468家、农村合作银行122家、农村信用社1 803家、村镇银行987家。中小银行业金融机构资产规模的市场份额达22.57%，比上年上升1.39个百分点。

专栏4 允许民间资本发起设立民营银行

金融业作为竞争性的服务行业，应该允许各类符合条件的投资主体准入，从而实现公平竞争。继近年来鼓励和引导民间投资健康发展的若干政策相继出台后，2013年出台的《国务院办公厅关于金融支持经济结构调整和转型升级的指导意见》和十八届三中全会通过的《中共中央关于全面深化改革若干重大问题的决定》进一步明确，允许具备条件的民间资本依法发起设立中小型银行等金融机构，进一步拓宽了民间资本进入金融服务业的渠道。

允许民间资本发起设立民营银行对促进金融业对内对外开放，完善金融体系具有重要意义。民间资本具有体制新、机制活、创新多的优势，允许发起设立民营银行，有助于扩大民间资本投资渠道，向银行业引入更多的竞争机制，支持非公有制经济健康发展。民营银行一般规模较小，与银行业体系中占主体的大中型银行相比，具有小微企业融资成本优势和信息对称优势，不仅可有效缓解小微企业和"三农"的融资难问题，也能增加对实体经济的竞争性金融供给，丰富银行业组织体系。

允许民间资本发起设立民营银行，需要推进制度创新和配套改革。首先，突出市场机制的决定性作用，按照风险与收益自担的商业原则，建立有效的公司治理与经营管理机制，在特定业务领域做专做精。其次，要强化金融监管，夯实民营银行的公司治理基础，完善内部控制特别是防范股东关联交易风险，规范信息披露制度，减少行政干预和不必要的管制。同时，要加快建立存款保险制度，对不同经营质量的金融机构实行差别存款保险费率，并采取及时风险校正措施，从而有助于增强民营银行信用，完善金融结构和布局，建立健全风险处置机制，促进形成一个有效竞争、优胜劣汰、可持续发展的金融体系。

（二）薄弱领域的信贷投入继续加大，支持实体经济发展力度增强

支持经济结构转型升级。银行业金融机构积极落实《国务院办公厅关于金融支持经济结构调整和转型升级的指导意见》，着力推进盘活存量、用好增量。贯彻国务院关于加快培育和发展战略新兴产业的部署，努力促进科技与金融结合，加大对节能环保、新一代信息技术、生物、高端装备制造、新能源、新材料等战略新兴产业信贷投入。对符合国家产业政策的技术改造项目，积极给予信贷支持。加大对节能减排领域的金融支持和服务，严控高污染、高能耗和产能过剩行业的信贷投放。

"三农"金融支持力度不断加强。截至2013年末，银行业金融机构涉农贷款余额（不含票据）20.88万亿元，同比增长18.4%，高出同期各项贷款（不含票据）增速4.5个百分点（见图3–3）。农村信用社资本和财务实力继续加强，连续9年实现利润大幅增长，支农能力不断增强。村镇银行、贷款公司和农村资金互助社三类新型农村金融机构不断发展，农村金融市场的竞争程度不断提高，截至2013年末，三类机构贷款余额3 651亿元，同比增长56%。全国所有省（区、市）均实现金融服务空白乡镇全覆盖。

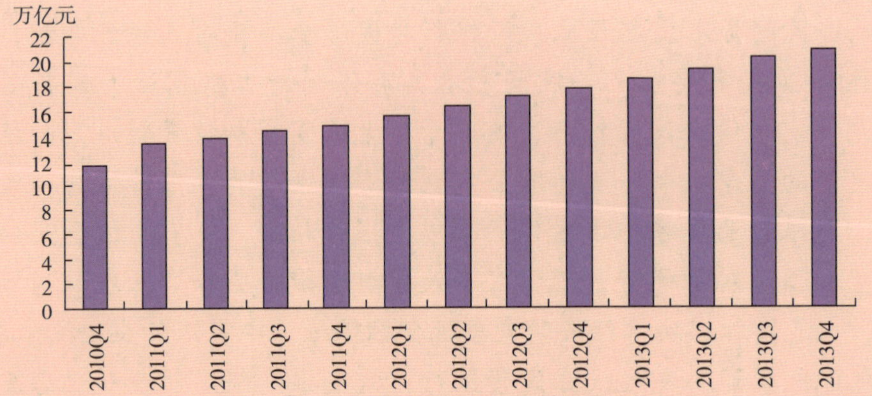

数据来源：中国人民银行。

图3-3 涉农贷款余额情况

金融服务小微企业水平显著提升。银行业金融机构认真落实《国务院办公厅关于金融支持小微企业发展的实施意见》，通过不断创新金融产品，优化业务流程，提高服务效率，持续提升对小微企业的金融服务，小微企业贷款保持较高增长。截至2013年末，小微企业贷款余额13.5万亿元，占全部贷款的17.62%，同比增长13.7%，比同期大、中型企业贷款增速分别高3.3个和3.9个百分点（见图3-4）。全年新增小微企业贷款2万亿元，占企业新增贷款的43.5%，占全部新增贷款的21.51%。截至2013年末，全国共有小额贷款公司7 839家，新增1 759家；贷款余额8 191亿元，新增贷款2 268亿元，对缓解小微企业融资难发挥了积极作用。

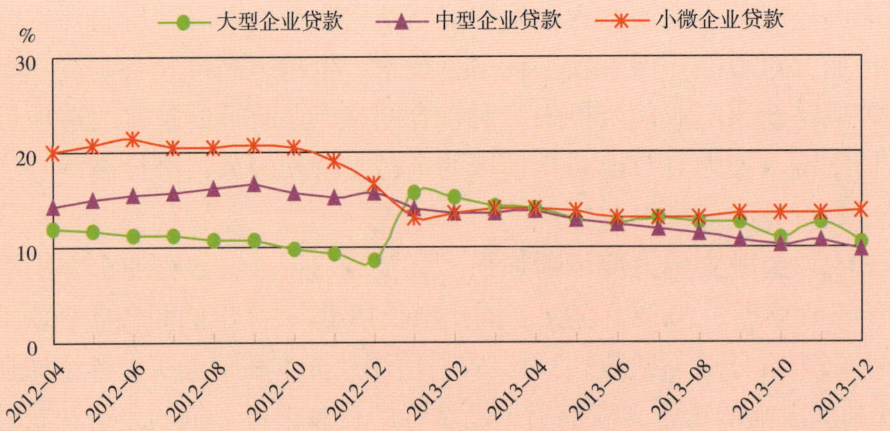

数据来源：中国人民银行。

图3-4 大、中、小型企业贷款余额同比增速

（三）改革开放稳步推进，银行业可持续发展能力进一步提高

金融机构改革继续深化。中国工商银行、中国农业银行、中国银行、中国建设银行和交通银行继续深化改革，公司治理进一步完善，自主定价和风险管控能力不断提升，各项业务保持稳健发展，竞争力进一步加强。截至2013年末，五家大型商业银行的资本充足率分别为13.15%、11.87%、12.38%、13.02%和11.91%，不良贷款率分别为0.95%、1.16%、1.05%、0.88%和1.05%，全年实现净利润分别为2 532.3亿元、1 658.35亿元、1 462.99亿元、2 125.92亿元和602.77亿元，同比分别增长8.5%、14.28%、12.88%、10.32%和12.12%。同时，其他金融机构改革继续推进。12月，中国信达资产管理股份有限公司成功赴香港上市，成为第一家实现上市的全国性金融资产管理公司，标志着金融资产管理公司股份制改革和商业化转型取得阶段性成果。

中国农业银行“三农金融事业部”改革试点范围进一步扩大。10月，中国农业银行江苏、浙江、湖南、云南、江西、陕西、广东7个省、538个县的县域支行纳入到深化“三农金融事业部”改革试点范围，并延续差别化存款准备金率、监管费减免和营业税减免等扶持政策。改革试点范围扩大后，试点行的业务量及利润额占中国农业银行整体县域支行的比例从40%提升至80%左右。

改革开放稳步推进。坚定不移地推进银行业务对内对外开放，对内开放主要是拓宽民间资本进入银行业的渠道和方式，截至2013年末，民资占比超过50%的中小银行已有100多家，其中100%民资的银行有3家，全国农村中小金融机构民资占比已经超过90%，村镇银行民资占比达到73%。银行业对外开放成效显著，外资银行营业性机构已达930家，资产年均复合增长率达20%。外资银行进入门槛、经营人民币资格条件以及分行营运资金要求逐步放宽，外资银行展业的便利性进一步提高。

（四）国内监管有效性不断增强，全面参与国际银行业监管改革

国内监管有效性不断增强。人民银行不断丰富宏观审慎管理工具，创设短期流动性调节工具和常备借贷便利，保持银行体系流动性合理适度。牵头建立金融监管协调部际联席会议制度，成立金融监管协调办公室，协调落实金融信息共享、互联网金融发展、同业业务规范、中央和地方金融监管职责分工等政策事项。银监会强化监管框架建设，组织商业银行正式实施《商业银行资本管理办法（试行）》，会同有关部门研究明确影子银行的概念、范围和监管责任，加大对地方政府融资平台、房地产和产能过剩等重点风险领域的差异化监管。规范商业银行理财业务投资运作，对理财资金的投向、风险拨备提出明确要求。

深度参与国际银行业监管改革。人民银行、财政部和银监会等相关部门继续深度参与金融稳定理事会（FSB）和巴塞尔银行监管委员会（BCBS）的监管改革，稳妥推进相关标准和准则在中国的实施。认真完成FSB对成员经济体处置机制及改革进展开展的专题同行评估，按照FSB要求成立了中国银行危机管理小组（CMG），制订恢复和处置计划，部分中资银行境外分支行向当地监管部门提交了处置计划。2013年，BCBS发布了《巴塞尔协议Ⅲ：流动性覆盖比率和流动性风险监测工具》和《更新后的全球系统重要性银行评估方法及额外损失吸收能力要求》，出台了有关资产证券化资本计提、交易账户基础评估等监管新规的征求意见稿，并对单个经济体开展了监管一致性评估项目（RCAP）。中国接受BCBS的RCAP，结果显示中国严格遵守巴塞尔协议Ⅲ的资本监管标准，整体资本监管框架被评为“符合”。

专栏5　巴塞尔银行监管委员会公布《中国执行“巴塞尔协议Ⅲ”情况报告》

自2010年末巴塞尔协议Ⅲ正式出台后，巴塞尔银行监管委员会（BCBS）的工作重心由政策制定转为政策执行。为促进各成员经济体及时、全面、一致地落实巴塞尔协议的既定要求，BCBS对各成员经济体实施巴塞尔协议的情况开展了全面评估。评估分为三个层次，其中第二层次评估各成员经济体监管立法与巴塞尔协议的一致性。BCBS于2012年4月发布《巴塞尔协议Ⅲ监管一致性评估项目（RCAP）》，明确了第二层次评估的内容、范畴和评估体系，评估结论包括整体评级和14项单项评级，评估结果分为四个等级：符合、大体符合、大体不符合和不符合。BCBS计划于2015年底前完成对所有成员经济体的首轮评估。

2013年1月，BCBS开始对中国开展RCAP评估。中国是继欧盟、日本、美国、瑞士和新加坡之后第六个接受评估的成员经济体。2013年9月，BCBS正式发布了《中国执行巴塞尔协议Ⅲ情况报告》及其附件《中国执行巴塞尔协议Ⅲ的监管一致性评估项目（RCAP）》。中国的总体评估结论较好，监管整体框架被评为“符合”。14项评估单项中，有12项被评为“符合”，包括：监管实施范围、过渡期规定、资本定义、资本缓冲、信用风险内部评估法、证券化框架、交易对手信用风险规则、市场风险标准法、市场风险内部模型法、操作风险基本指标法和标准法、操作风险高级法、监督检查程序。

信用风险标准法和市场纪律两个单项被评为“大体符合”，原因在于：一是中国的资本监管规定对国内主权、银行、公共部门债权等设定了固定风险权重，而巴塞尔协议Ⅲ则建议参考外部信用评级，动态反映主权信用评级的变化。二是信贷质量和证券化等的信息披露要求不够完善，如中国没有要求银行按行业、交易对手类型等披露已损失贷款和贷款损失准备的相关信息。

RCAP评估比较客观地反映了国际银行业监管标准在我国的实施情况，并提出了诸多有价值的参考建议，有助于推动我国金融监管和国际标准趋于一致，促进我国商业银行与国际最新风险管理理念和技术接轨，全面提升风险计量和风险精细化管理水平，不断提高银行业监管的有效性。

二、稳健性评估

资产质量略有下降，拨备整体较为充足。截至2013年末，银行业金融机构不良贷款余额1.18万亿元，不良贷款率1.49%。其中，商业银行不良贷款余额5 921亿元，比上年末增加992亿元，已连续9个季度上升；不良贷款率为1%。银行业金融机构关注类贷款余额为2.91万亿元，关注类贷款率为3.69%。逾期贷款1.14万亿元，比上年末增加2 039亿元。银行业金融机构拨备整体较为充足，截至2013年末，商业银行拨备覆盖率282.7%，同比下降12.81个百分点；贷款损失准备充足率321.21%，比上年下降10.33个百分点，拨贷比2.83%，比上年提高0.01个百分点。

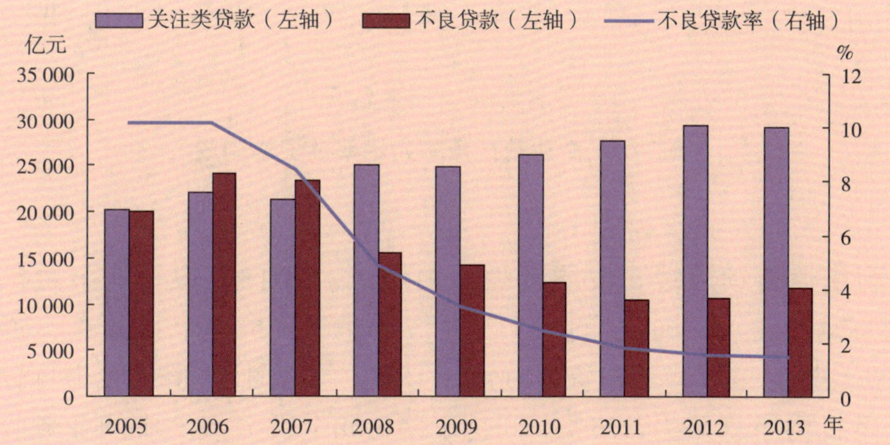

数据来源：中国银监会。

图3-5　银行业金融机构关注类贷款余额及不良贷款变化情况

资本充足率处于较高水平，资本质量较好。2013年，银行业金融机构通过多种方式补充资本1.48万亿元，其中留存收益 1.18万亿元，股权融资2 488亿元，混合资本债券101.42亿元。自2013年1月1日起，我国商业银行开始正式执行《商业银行资本管理办法（试行）》（以下简称新办法），资本充足率计算标准更为严格。实施新办法后，截至2013年末，商业银行资本充足率为12.21%，同比下降0.29个百分点（见图3-6）。截至2013年末，商业银行核心一级资本7.58万亿元，核心一级资本净额占核心资本净额的81.62%，资本质量处于较高水平。

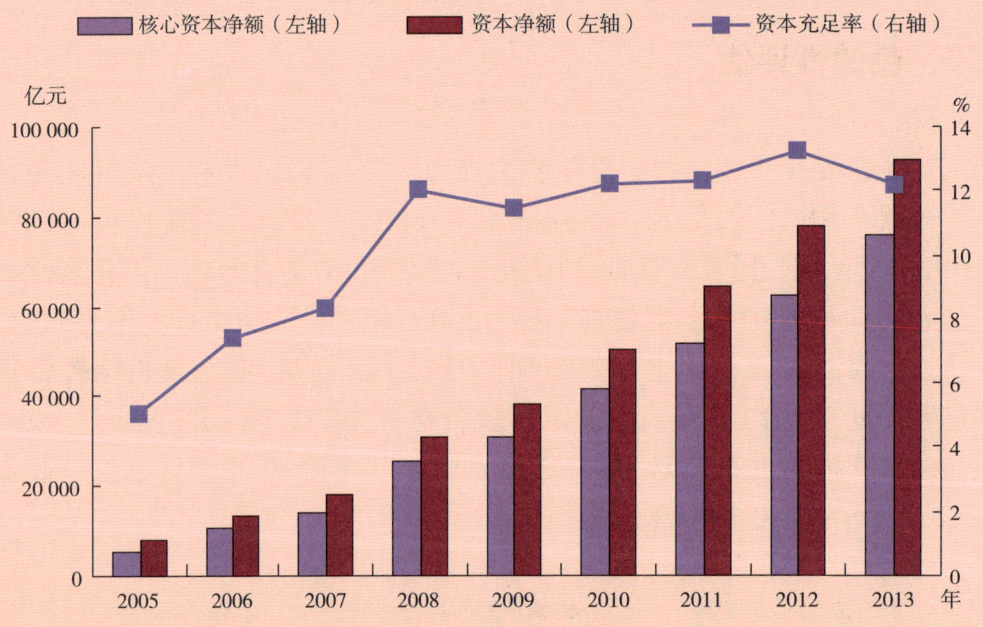

数据来源：中国银监会。

图3-6 商业银行资本充足率及资本构成

盈利增速持续放缓，发展转型压力增大。2013年银行业金融机构实现净利润1.74万亿元，同比增长15.23%，增速下降5.47个百分点，资产利润率1.22%，与上年末持平，资本利润率18.52%，同比下降0.52个百分点。银行业金融机构净息差为2.75%，同比下降0.08个百分点。中间业务收入占比15.87%，同比上升1.28个百分点（见图3-7）。当前，银行业所面临的市场机制和经营环境正在发生显著变化，主要依靠利差和信贷增长的传统盈利模式将不可持续，亟待加快发展转型。

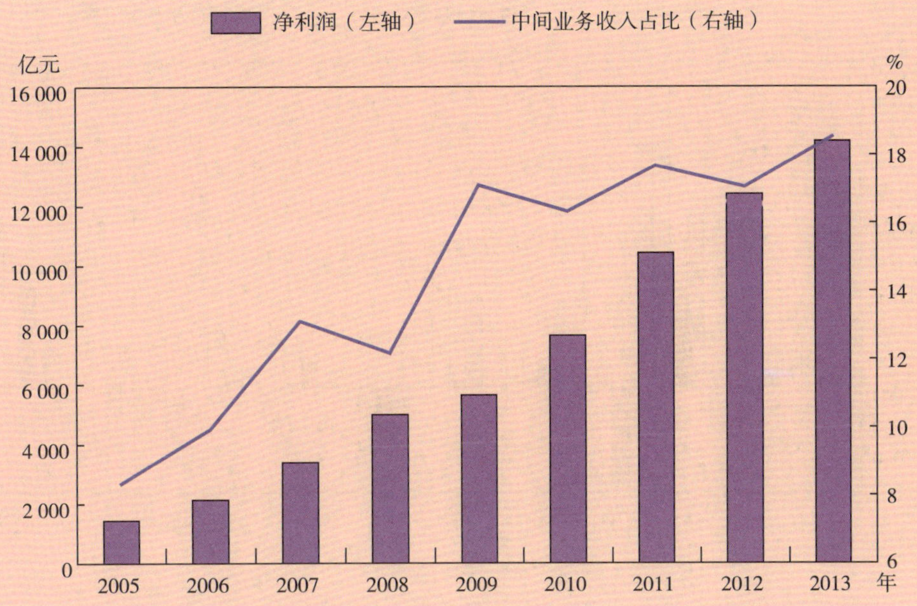

数据来源：中国银监会。

图3-7　商业银行盈利水平和中间业务收入占比的变化趋势

信用风险总体可控，重点领域风险增加。2013年，银行业金融机构的不良贷款保持较低水平，但地方政府融资平台、房地产和产能过剩行业的风险不容忽视。地方政府融资平台贷款逐步进入还债高峰期，约37.5%的贷款在2013年至2015年内到期。房地产贷款增速回升，房地产市场大幅波动对银行信贷资产质量的影响值得关注。此外，部分产能过剩行业信贷风险上升，光伏、钢铁、船舶、平板玻璃等行业不良贷款增加较快。

流动性风险管理难度加大，影响流动性的因素复杂。一是存款大幅波动更加明显，银行资金来源稳定性显著降低。2013年，银行业金融机构存款跨季月间波幅超过5万亿元，全年波幅近6万亿元（见图3-8）。商业银行“各项存款占总负债”的比重由2006年末的87.2%下降到2013年末的81.9%。二是银行资产扩张及表外诸多金融产品创新进一步加大了对流动性的需求。金融机构在利润压力、监管套利等因素作用下，利用同业、理财等短借长贷，资产负债结构对利率风险敞口十分灵敏，对货币市场依赖程度上升，也是加大市场流动性波动的主要原因。同时，财政收支变化及库款波动等也加大了流动性的季节性波动。三是受美国量化宽松政策退出过程不确定等因素的影响，跨境资本流动的波动性增加，可能对国内流动性形成冲击。

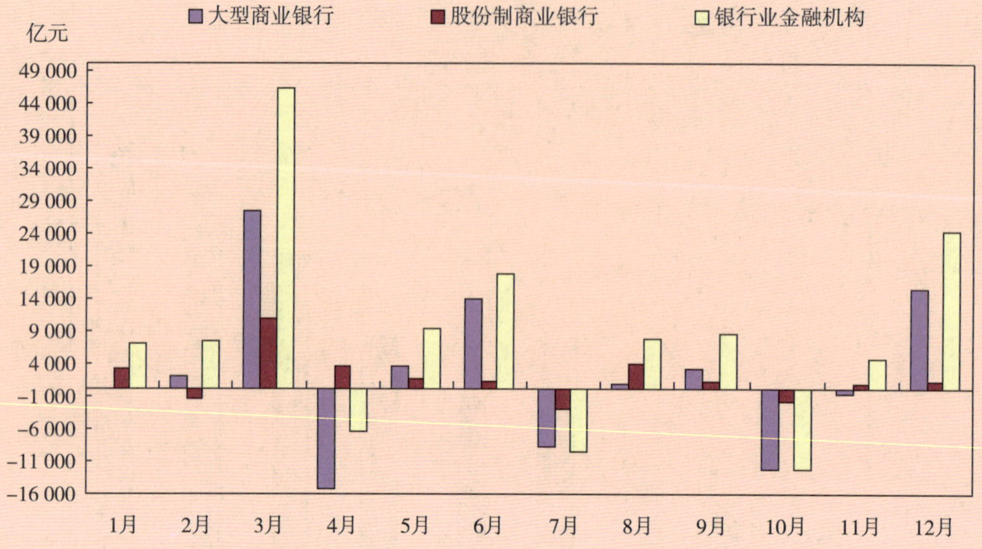

数据来源：中国人民银行、中国银监会。

图3-8　2013年银行业金融机构月度存款变化情况

同业业务快速增长，潜在风险应予关注。近年来，随着我国金融市场日趋完善，金融机构日益多样化，金融机构加快经营转型，同业业务呈现出快速发展态势。2009年初至2013年末，银行业金融机构纳入存放同业、拆出资金和买入返售金融资产项下核算的同业资产从6.21万亿元增加到21.47万亿元，增长246%，是同期总资产和贷款增幅的1.79倍和1.73倍；纳入同业存放、拆入资金和卖出回购金融资产项下核算的同业负债从5.32万亿元增加到17.87万亿元，增长236%，是同期总负债和存款增幅的1.74倍和1.87倍。远高于同期银行业金融机构贷款、存款增长水平，存在一定风险隐患。

专栏6　规范同业业务

金融机构同业业务是指金融机构之间开展的以投融资为核心的各项业务，主要业务类型包括同业拆借、同业存款、同业借款、同业代付、买入返售（卖出回购）、同业投资等相关业务。

同业业务快速增长有其客观背景和现实需要，但也存在发展不规范、规避监管、期限错配增大和信息不透明等问题，在一定程度上削弱了宏观调控和金融监管效果，存在风险隐患。一是由于同业业务具有不缴存存款准备金、节约资本和拨备、不受存贷比约束以及交易对手之间互利等特点，部分银行机构通过同业业务规避宏观调控和监管要求。二是不少金融机构通过较低成本借入短期同业资金，再投资于期限长、收益高的资产来获取超额收益，期限错配不断增加，可能导致流动性风险。三是部分同业业务透明度低，会计核算不规范，加大了风险监测和监管难度。四是金融机构间资金联动性增强，部分同业业务通过多层“通道”包装，结构复杂，资金划转频繁，造成金融机构整体资产规模虚增，一旦某个环节发生风险，极易引发交叉性风险传染。

为切实提高金融支持实体经济的效率和水平，推进同业业务健康发展，要规范同业业务类型和会计核算，加强金融机构同业业务内部管理，提高同业业务外部监管要求，规范金融机构资产负债业务创新，提高同业业务透明度，切实防范风险隐患。

表外业务持续增长，风险隐患不容忽视。截至2013年末，银行业金融机构表外业务（含委托贷款和委托投资）余额57.7万亿元，比上年末增加9.05万亿元，增长18.6%。表外资产规模相当于表内总资产规模的38.12%，比上年末提高1.71个百分点。其中：委托贷款8.2万亿元，委托投资3.67万亿元，承兑汇票8.94万亿元。值得注意的是，一些商业银行通过表内资产表外化来规避金融监管，将资金投向宏观调控限制行业和领域，或将不良资产从表内转移至表外，导致信贷风险透明度降低。

信托、理财业务加速发展，蕴藏潜在风险。截至2013年末，67家信托公司管理的信托计划规模达10.9万亿元，同比增长46%。从运营情况看，部分信托公司经营方式比较粗放，风险管控不完善，问题信托产品风险事件有所增多，一些问题产品存在“刚性兑付”。截至2013年末，银行业理财产品余额9.5万亿元，比上年末增加2.8万亿元。理财业务在一定程度上满足了全社会的投融资需求，但也蕴藏一定风险。一是“刚性兑付”现象有悖于“卖者尽责，买者自负”的市场原则，不仅助长了道德风险，也抬高了市场无风险资金定价，引发资金在不同市场间的不合理配置和流动。二是一些产品投向限制性行业和领域，规避国家宏观调控政策和金融监管。三是银行、证券和保险业的同类理财产品缺乏统一的监管标准，容易形成监管套利。

一些具有融资功能的非金融机构发展迅速，但内部管理和监管薄弱。截至2013年末，全国共有小额贷款公司7 839家，融资性担保法人机构8 185家，典当行6 833家。农村资金互助合作组织大量涌现，人人贷等互联网金融发展迅速。一些机构由于内控体制不健全，外部监管不足或不受监管，容易出现非法集资、高利贷和诈骗风险，恶化正常的金融环境，引发群体性事件。

三、展望

2014年，银行业将深入贯彻落实党的十八大和十八届二中、三中全会精神，发挥市场在资源配置中的决定性作用，继续扩大对内对外开放，不断深化金融改革，大力鼓励金融创新，积极应对风险和挑战，切实提高服务实体经济的效率和水平。

迎接新的机遇和挑战，促进银行业持续健康发展。近年来，银行业所面临的经济环境、宏观政策和市场机制发生了深刻变化，随着利率汇率市场化改革加快，主要依靠利差和规模扩张获得盈利高速增长的传统模式面临严峻挑战。同时，金融创新步伐加快，同业业务、理财产品、民间借贷等发展迅速，融资渠道多元化趋势明显。以互联网支付、余额宝、P2P网络借贷、众筹融资等为代表的互联网金融快速发展，冲击了银行传统的信用中介、支付结算等功能。为此，银行业金融机构应继续深化改革，加快改进战略定位、业务模式和管理机制，加强全面风险管理，不断改善金融服务，建立差异化的竞争优势，实现持续健康发展。

落实稳健的货币政策，支持实体经济结构调整和转型升级。2014年，银行业金融机构在合理控制信贷总量的前提下，要盘活信贷存量，用好资金增量，改善服务质量，最大限度地提高资金使用效率。切实加大对重大基础设施、战略性新兴产业、小微企业、“三农”、城镇化等重点领域和关键环节的金融支持。落实好差别化住房信贷政策，支持保障性住房、中小户型商品住房建设和居民首套自住普通商品房消费。贯彻落实中央有关化解产能过剩的政策措施，按照“消化一批、转移一批、整合一批、淘汰一批”的要求，有扶有控，落实差别化的信贷政策。扎实做好扩大信贷资产证券化试点工作，提高中长期优质信贷资产的流动性和周转效率。

深化改革开放，构建更具竞争性和包容性的金融体系。扩大金融业对内对外开放，在加强监管的前提下，允许具备条件的民间资本依法发起设立中小型银行。完善现代金融企业制度，继续深化大型金融机构改革，完善公司治理，形成有效的决策、执行、制衡机制，把公司治理的要求真正落实于日常经营管理和风险控制之中，探索建立规范有效的激励约束机制。加快推进中国进出口银行和中国农业发展银行改革，强化政策性职能定位，坚持以政策性业务为主体，审慎发展自营性业务；对政策性业务和自营性业务实施分账管理、分类核算；科学建立资本约束机制，健全治理结构，完善财税扶持政策，构建符合中国特色、能更好地为当前经济发展服务、可持续运营的政策性金融机构及其政策环境。适应国家发展需要和金融体制改革要求，继续深化国家开发银行改革，妥善解决债券信用、资金来源等问题。发展普惠金融，推动建立服务可得、价格合理、竞争适度、发展持续、惠及广大人民群众的普惠金融服务体系。

鼓励金融创新，丰富金融市场层次和产品。加快转变政府职能，简化行政审批，使市场在金融资源配置中起决定性作用，探索管理制度创新，释放改革红利，激发市场主体的发展活力。推进支持实体经济的金融产品和服务创新，重点围绕信贷资产证券化、开发主动负债工具等加大创新力度，研究探索大中型农机具、农村土地承包经营权和宅基地使用权等抵押贷款试点，拓展市场发展空间。推动中小型银行业金融机构特色化经营，降低同质化竞争带来的风险共振。

防范和化解重点领域金融风险，进一步提升银行业稳健性水平。银行业金融机构要牢固树立风险意识，准确把握重点领域的风险总量、风险结构和风险动向，积极化解“两高一剩”行业结构调整时暴露的金融风险。继续按照“总量控制、分类管理、区别对待、逐步化解”的原则，严控新增平台贷款，优化存量贷款结构，审慎稳妥地缓释平台贷款风险。继续认真执行房地产调控政策，落实差别化住房信贷政策，加强名单制管理和压力测试。加强流动性风险监测分析和预警，完善流动性风险管理工具和方法，合理配置资产负债期限结构，做好应急预案，切实提高流动性风险管控能力。

加强同业业务和理财风险防控，严防风险传染和蔓延。完善同业业务管理制度，不断增强同业业务透明度，疏堵结合，既要限制发展不合理的同业业务，又要推动开展规范的资产负债业务创新。研究制定综合性、系统性的商业银行理财业务管理办法，督促银行建立单独的机构组织体系和业务管理体系，切实做到资金来源和运用一一对应。银行业金融机构应构建与自身风险管控能力相适应的同业业务和理财发展规划和运营模式，建立健全相关内控制度和操作流程。

落实国际金融监管改革措施和稳健标准，加强和改进银行业监管。构建与国际标准接轨的银行业监管框架，引导商业银行按照既定计划稳步实施资本监管新标准，研究制定逆周期资本缓冲要求，建立更加有效的资本约束机制，完善商业银行流动性管理框架。根据我国金融市场结构和特点，细化金融机构分类标准，统一监管政策，减少监管套利，弥补监管真空，增强监管的针对性和有效性。

第四章

证券期货业

2013年，证券期货机构稳健经营，业务创新取得积极进展，监管改革稳步推进，对外开放不断深化，基础性制度建设继续完善。需进一步优化证券期货机构业务模式，持续提升抗风险能力。

一、运行状况

（一）市场主体发展总体稳健

上市公司稳步发展。2013年末，沪、深两市共有上市公司2 489家，同比减少5家，均为正常退市。总市值和流通市值分别为23.91万亿元和19.96万亿元，同比分别增长3.79%和9.87%，在机构数量有所减少的情况下，上市公司总体发展仍呈稳步增长态势，市场主体优胜劣汰逐步体现（见图4-1）。

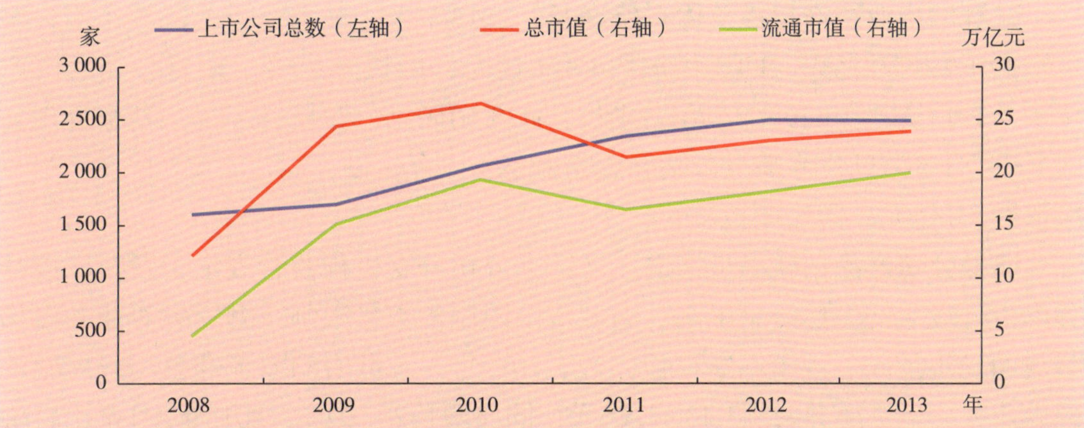

数据来源：中国证监会。

图4-1　2008—2013年上市公司数量和市值

全国性场外市场挂牌公司数量大幅增加。2013年1月16日，全国中小企业股份转让系统正式揭牌运营。国务院发布《关于全国中小企业股份转让系统有关问题的决定》，全国股份转让系统市场结束高新园区试点，实现覆盖全国。截至2013年末，全国中小企业股份转让系统挂牌公司355家，同比增加155家，总股本和总市值分别为96.39亿股和552亿元，同比分别增长74.4%和36.57%。市场规模逐步拓展，运行平稳有序。

证券期货经营机构数量小幅增加。2013年末，全国共有证券公司115家，较上年新增1家；其中上市证券公司20家，较上年新增1家。期货公司156家，较上年减少5家。基金管理公司89家，较上年新增12家，增幅较大（见图4-2）。

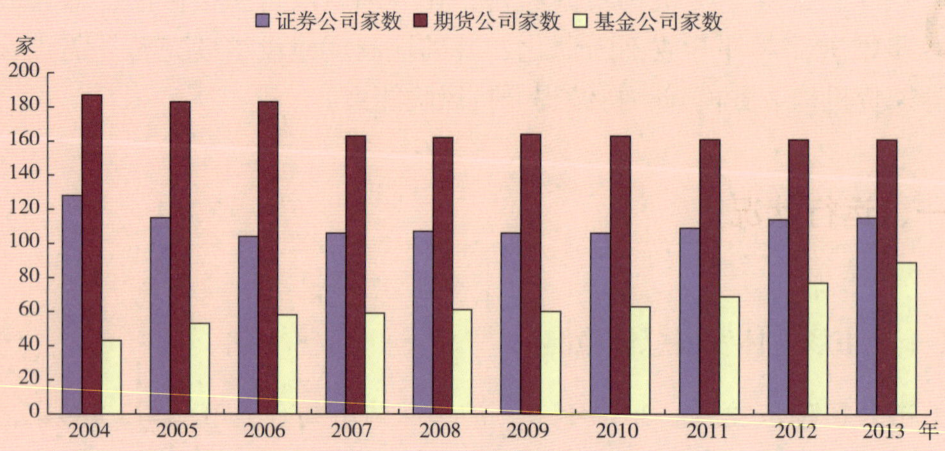

数据来源：中国证监会。

图4-2　2004—2013年证券期货经营机构数量

证券期货业资产规模整体有所增长。2013年末，证券公司总资产（不含客户资产）1.52万亿元，同比增加约4 100亿元，增长36.79%。期货公司总资产（不含客户资产）629.89亿元，同比增加78.50亿元，增长14.24%。基金管理公司共管理1 553只公募基金，基金总份额达3.12万亿份，同比下降1.66%，基金净值约3万亿元，同比增长4.76%。

证券公司产品创新稳步推进。《证券公司分支机构监管规定》发布，放开分支机构设立的主体资格限制、地域范围限制和数量限制。融资融券业务市场覆盖面稳步扩大、规模不断增长，截至2013年末，共有84家证券公司开展融资融券业务，融资融券余额3 465.47亿元，同比增长287.07%。2013年2月推出转融券业务试点，融资融券配套机制得到进一步完善；推出股票质押式回购交易，截至2013年末，共有86家证券公司开展了股票质押式回购交易，待回购金额846亿元。15家证券公司经行业协会备案开展柜台市场试点，开展收益互换、场外股票期权等交易。资产管理业务规模继续大幅增长，截至2013年末，证券公司资产管理业务受托资金规模达5.2万亿元，同比增长175%。《证券公司资产证券化业务管理规定》发布，将该业务由试点转为常规，降低准入门槛，扩大基础资产范围。证券公司自主创新加速，推出了私募基金综合托管试点方案、客户资金消费支付服务试点方案、上市公司股权激励行权融资试点方案、研究制定贵金属现货合约代理业务及黄金现货合约自营交易试点审核方案。

基金管理公司创新发展成效明显。截至2013年末，基金管理公司已设立的62家子公司资产管理规模达9 414亿元，占基金管理公司非公募业务资产管理规模的44%，占基金行业资产管理总规模的18%。货币市场基金与互联网合作创新，2013年6月，支付宝网络技术公司与天弘基金管理公司合作推出了余额宝业务，对接天弘增利宝货币市场基金，目前该款基金产品已经成为国内客户数最多和保有规模最大的基金。此外，推出债券交易型开放式指数基金（ETF）、黄金ETF、浮动管理费率基金、目标收益触发式基金、定期支付基金、绝对收益基金等创新产品。

期货公司业务进一步多元化。2013年，期货公司创新步伐明显加快。期货投资咨询、资产管理、风险管理子公司等业务试点逐步推开，效果初显。截至2013年末，已有93家期货公司获许经营期货投资咨询业务，29家期货公司取得资产管理业务资格，28家公司已正式开展期货资产管理业务，全国期货公司资产管理账户受托资金余额达12.6亿元。《期货公司设立子公司开展以风险管理服务为主的业务试点工作指引》正式实施，标志着期货公司风险管理服务子公司业务试点启动。

机构投资者类型有所增加。2013年，商业银行设立基金管理公司试点再次扩大，先后有5家商业银行设立了基金管理公司，进一步拓宽了储蓄资金向资本市场有序分流的渠道。《资产管理机构开展公募证券投资基金管理业务暂行规定》发布，允许证券公司、保险资产管理公司、私募证券基金管理机构以及股权投资管理机构、创业投资管理机构等机构直接申请开展公募基金管理业务。截至2013年12月末，沪、深两市机构投资者持有的已上市流通股占A股流通市值比例达72.74%，较上年末小幅减少1.93个百分点，连续第4年保持在70%以上水平（见图4-3）。

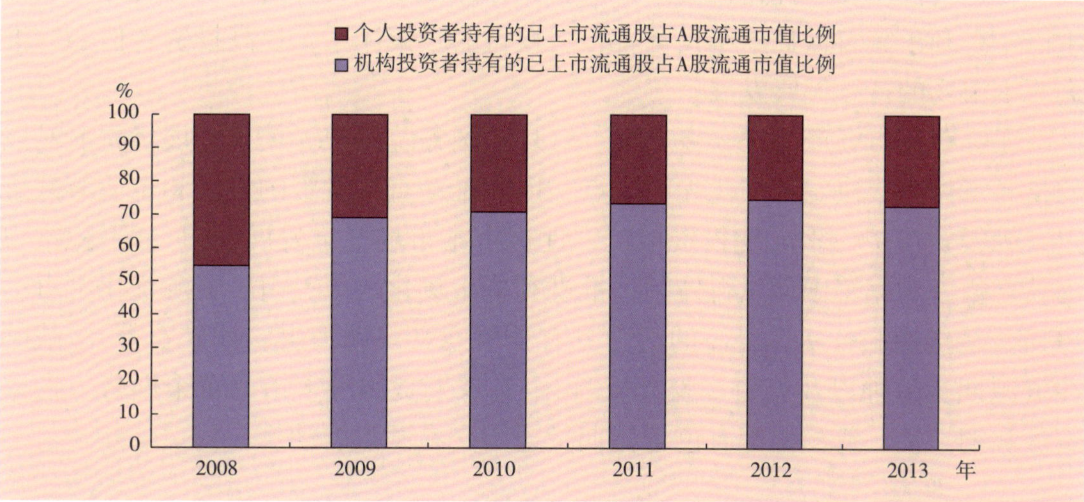

数据来源：中国证监会。

图4-3　2008—2013年机构和个人投资者持有的已上市流通股比例对比

（二）市场基础性制度建设继续完善

积极推进新股发行体制改革。发布了《关于进一步推进新股发行体制改革的意见》，制定完善了《证券发行与承销管理办法》等配套政策性文件。新股发行以信息披露为中心，引导市场各方归位尽责。进一步理顺发行、定价、配售等环节的市场化运行机制，推出包括老股转让、股债结合在内的发行融资方式，强化发行人及其控股股东等责任主体的诚信义务。按照受理即披露、违规即担责的原则，建立提前介入调查制度，完善发行监管与稽查执法衔接机制，加强新股发行事中事后监管，严惩发行造假等违法违规行为。开展IPO公司财务会计信息专项检查，稳步重启IPO发行。

场外市场制度规则体系初步建立。形成了以《证券法》、《关于全国中小企业股份转让系统有关问题的决定》为核心，《非上市公众公司监督管理办法》、《全国中小企业股份转让系统有限责任公司管理暂行办法》及配套指引准则为具体内容的监管制度框架体系，以及涵盖挂牌准入、信息披露、发行融资、股票交易、投资者准入、主办券商管理、市场监管、市场收费等多方面的市场规则体系。

上市公司并购重组市场化改革加速。简化上市公司并购重组审批流程，实施并购重组分道制审核，2013年，经核准重大资产重组交易金额为3 142.6亿元，同比增长35%。

中小投资者保护机制逐步完善。国务院发布《关于进一步加强资本市场中小投资者合法权益保护工作的意见》，围绕中小投资者权益保护，提出了健全投资者适当性制度、优化投资回报机制、保障中小投资者知情权等九方面政策举措，有利于完善保护中小投资者合法权益的政策体系，提高投资者信心，推进资本市场的持续健康发展。

证券期货市场产品进一步丰富。11月，国务院发布《关于开展优先股试点的指导意见》，决定开展优先股试点，以此推动直接融资的发展和企业兼并重组，为投资者提供多元化投资渠道，促进资本市场稳定发展。9月，平稳推出国债期货，对完善国债发行体制，推进利率市场化改革，引导资源优化配置，增强金融机构服务实体经济的能力具有重要意义。动力煤、铁矿石等4个战略性资源期货品种以及鸡蛋、胶合板等4个宜农期货品种上市，黄金期货、白银期货和铜、铝、锌、铅等有色金属期货连续交易试点启动。

专栏7 开展国债期货交易

国债期货是以约定品种国债为标的物的利率期货合约，买卖双方通过在有组织的交易场所内交易标准化合约，从而预先确定标的国债的价格并于未来特定时间内进行券款交割。开展国债期货交易，是建设多层次资本市场和金融市场化改革的重要内容，对深化金融市场改革和推进资本市场创新具有重要意义。我国具备了开展国债期货交易的条件。一是我国国债发行制度逐步完善，国债发行规模不断扩大。财政部国债发行机制已实现市场化，并对关键期限的国债品种采用国际通行的定期滚动发行制度。国债发行规模不断扩大，2012年发行量超过1.3万亿元。二是国债二级市场日益成熟，市场已具备相当规模。我国债券市场已形成场外市场为主、交易所市场为辅的市场格局。截至2012年末，我国银行间市场记账式国债余额已突破7万亿元，是1995年国债期货试点时期国债存量的60余倍；国债交易量大幅增加，流动性日渐增强，2012年，银行间市场国债交易量为9.1万亿元，年换手率为133%，若剔除持有到期账户中的大部分国债，则可交易类账户中，国债实际年换手率为600%~700%。三是市场参与主体日益多元化。银行间债券市场已形成了以商业银行为核心、金融机构为主体、其他机构投资者共同参与的多层次投资者结构，银行间债券市场已成为各类市场机构进行投融资活动的重要平台。四是我国国债市场登记托管机制可支持国债期货顺利交割。五是股指期货的成功推出与平稳运行，为国债期货市场积累了宝贵经验。

2013年9月6日，经国务院批准，五年期国债期货合约在中国金融期货交易所挂牌交易。国债期货具有以下特点：一是采用名义标准券设计，剩余期限在4~7年的记账式国债均可交收，大幅增加了可交割券范围。二是实行买卖双边举手滚动交割和集中交割的规则，反映买卖双方真实交割意愿，延长交割期限，显著降低了交割违约风险。三是在跨部委协调机制推动下，由中国金融期货交易所在银行间市场、交易所市场分别设立国债期货交收账户，解决了两个国债市场投资者不一致、部分投资者无法交收债券的问题，确保国债跨市场转托管和交收的顺利进行。四是推动财政部调整5年期、7年期记账式国债招标时间，确保所有投资者只能在国债期货交易时段获知招标结果，防止利用国债招标信息优势进行内幕交易。

2013年12月，国债期货TF1312合约交割业务顺利完成，国债期货走完了首个合约从挂牌、交易到交割的完整周期，市场运行总体平稳，国债期货市场功能逐步显现。一是价格发现和避险功能初步发挥，进一步提高国债发行效率。12月国债招投标的最终中标价格与国债期货之间的收益率最低相差不到2个基点。二是提高现券市场流动性，进一步盘活存量国债。国债期货上市后，最便宜可交割券“13国债15”日均成交20.18亿元，较国债期货上市前增长19.59%。三是推动国债跨市场转托管，夯实国债收益率曲线的市场基础。四是及时反映货币政策信息，提高货币政策传递效率。五是激发机构创新活力，增强市场在资源配置中的决定性作用。截至2013年末，各类金融机构推出了87个金融产品参与国债期货交易。

（三）稳步推进监管转型

精简行政审批备案登记等事项，提高监管透明度。证监会落实国务院转变政府职能、简政放权的部署，制定行政审批事项精简方案，2013年取消了2项行政审批事项，2014年至2016年拟取消和调整19项行政审批事项。同时，建立专职新闻发言人制度，健全定期新闻发布会制度。

加强法制建设和稽查执法。《证券法》修订和“期货法”制定取得积极进展，《上市公司监督管理条例》、《私募投资基金管理暂行条例》制定稳步推进，公募基金管理、销售、托管制度安排出台。万福生科欺诈发行案和光大证券内幕交易案等典型案件得到严肃查处。截至2013年末，29个省（市、区）和5个计划单列市各类交易场所清理整顿工作基本完成，200余家交易场所关闭。

证券期货监管合作工作进一步加强。根据人民银行同证监会签订的《关于加强证券期货监管合作共同维护金融稳定的备忘录》，2013年，已有32家人民银行分支行与证监会派出机构签订了辖区监管合作备忘录，加强信息沟通和共享，共同打击证券期货违法违规活动，协调清理整顿各类交易场所，监测金融风险，共同开展金融消费者保护和投资者教育。

（四）对外开放进一步推进

2013年，共有8家公司在境外首发，10家公司在境外增发，共筹集资金

174亿美元。3月，《关于合格境外机构投资者投资银行间债券市场有关事项的通知》发布，允许获得证监会核发资格及外汇局核批投资额度的合格境外机构投资者（QFII）向人民银行申请进入银行间债券市场，拓宽QFII的投资渠道，规范其投资行为。QFII和人民币合格境外机构投资者（RQFII）发展明显加快，7月，QFII投资额度增加到1 500亿美元，RQFII试点进一步拓展到新加坡、伦敦等地。《资本市场支持促进中国（上海）自由贸易试验区的若干政策》出台，证监会批准上海期货交易所在自贸区成立上海能源交易中心。

二、稳健性评估

（一）部分上市公司业绩下滑，资金存在“脱实向虚”倾向

2013年，受宏观经济增速放缓、企业经营成本上升等因素的影响，上市公司经营困难有所增加。截至2014年2月底，共有1 750家上市公司公布了业绩预报，占全部上市公司的69.64%，预计亏损的上市公司198家，占比11.31%，其中首次亏损162家，持续亏损36家。与2012年年报数据相比，预计亏损的上市公司比例上升了2.24个百分点。预计亏损公司主要集中于“化学原料和化学制品制造业”、“计算机、通信和其他电子设备制造业”以及“专用设备制造业”。

2013年，上市公司参与委托理财、委托贷款明显增加，据统计，全年上市公司涉及委托理财、委托贷款的公告分别为204件、397件，较上年增长168.4%、42.8%。部分上市公司在参与委托理财、委托贷款时存在使用银行信贷资金、资金流向宏观调控限制领域等问题。

（二）证券公司负债增长较快，但整体依然稳健

截至2013年末，证券公司资产总额20 788亿元，同比增长20.80%，负债总额13 250亿元，同比增长29.10%，净资产总额7 539亿元，净资本总额5 205亿元，同比分别增长8.54%和8.78%（见图4-4）。全行业平均来看，单家证券公司净资本与各项业务风险资本准备之和的比为612.35%，净资本/净资产为69.04%，净资本/负债为65.18%，净资产/负债为94.41%，较上年出现一定程度的下降。证券公司负债增长快于资产增长，但各项风控指标符合监管规定，风险总体可控，证券公司整体经营稳健。

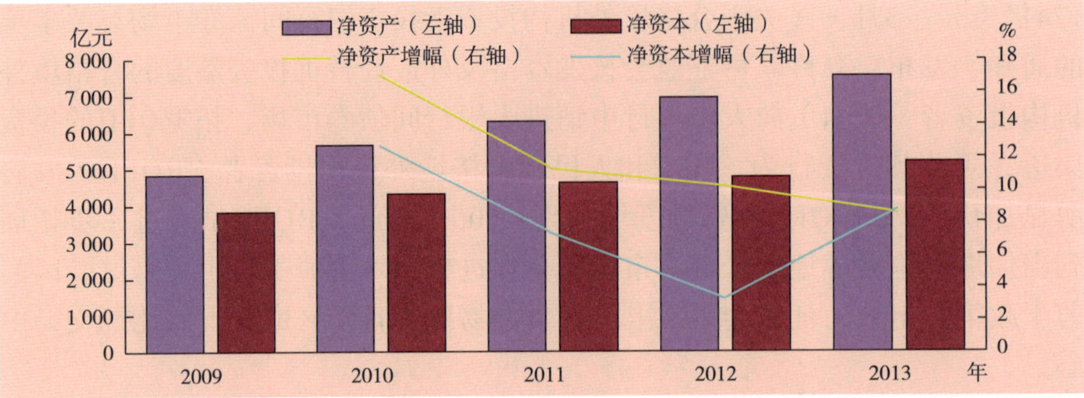

数据来源：中国证监会。

图4-4 2009—2013年证券公司净资产和净资本变化情况

（三）证券公司盈利能力增长，盈利模式仍需进一步改善

2013年，全行业实现营业收入1 592亿元，同比增长22.37%。其中，手续费及佣金净收入987亿元，同比增长30.90%，自营业务收入（含投资收益和公允价值变动收益）306亿元，同比增长5.52%，利息净收入182亿元，同比增长4.00%（见图4-5）。全年累计实现净利润440亿元，同比增长32.93%。从收入构成看，手续费及佣金收入仍然是证券公司主要的收入来源，且比重由上年的57.96%上升至62.00%。证券公司创新业务发展速度较快，融资融券和券商资产管理业务维持高速增长，有利于证券公司摆脱“靠天吃饭”的经营现状。在这一过程中，证券公司应平衡好业务创新与风险控制之间的关系，认真汲取光大证券在“8·16”异常交易事件中的教训，加强内部控制，提高风险管理水平，以实体经济的需要为导向加大金融创新力度，进一步发挥证券业服务实体经济的能力。

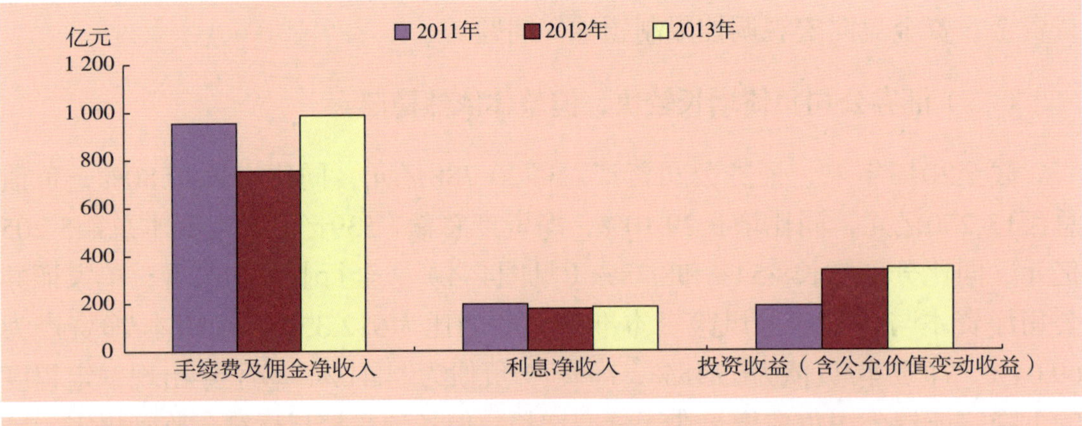

数据来源：中国证监会。

图4-5 2011—2013年证券公司各项收入变化情况

专栏8　关注证券公司定向资产管理业务的快速增长

证券公司资产管理业务有定向资产管理、集合资产管理和专项资产管理三类。近年来，证券公司资产管理业务快速发展。其中，定向资产管理业务投资范围广，近两年呈现爆发式增长。截至2013年末，证券公司定向资产管理业务规模达4.83万亿元，较2012年末增长186%，占全部资产管理业务规模的93%。

证券公司与银行合作开展定向资产管理业务（以下简称银证通道业务）模式主要为：银行募集资金，与证券公司签订定向资产管理合同，证券公司作为管理人，执行银行投资指令，将资金投向银行指定投资品种，证券公司收取基本管理费。证券公司开展此类业务主要基于银行如下需求：一是将受托资金投资于已贴现票据资产、信托资产等资产收益权，满足银行存量资产出表需求。二是将受托资金投资于未贴现票据资产、应收账款收益权、股票收益权等资产收益权，进行委托贷款，或者投资于贷款类信托计划，满足银行表外放贷需求。三是将受托资金投资于保险理财产品，再返存入银行，将同业存款转化为一般存款，或者通过证券公司直接作为同业存款返存入银行，满足银行调节存款结构需求。四是将存贷业务资金借道银信、银证、银基通道业务转为托管业务资金，将利差收入转为中间业务收入，满足银行收入结构调整需求。对证券公司而言，开展银证通道业务，存在充分利用银行资源、加强与银行合作、做大资产管理规模、拓宽收入来源等需求。

但是，银证通道业务属于跨市场、跨行业交叉金融业务，风险具有传导性、隐蔽性。证监会密切关注银证通道业务风险，加强现场检查，加大执法力度，指导行业协会发布了《关于规范证券公司与银行合作开展定向资产管理业务有关事项的通知》、《关于进一步规范证券公司资产管理业务有关事项的补充意见》，督促证券公司合规审慎经营，有效防范、及时化解业务风险。目前证券公司定向资产管理业务制度体系及操作流程日趋完备，大部分公司对委托银行财务状况及资质水平等调查较为审慎，资产管理合同约定责任义务较为明确，风险提示比较充分，定向资产管理业务整体规范程度明显提高。

下一步，应进一步加强证券行业规划与顶层设计：一是在对证券公司资产管理业务发展阶段性评估基础上，进一步完善现有法规制度，创造公平竞争环境，引导证券公司探索和实施主动资产管理战略转型。二是充分发挥"一行三会"金融监管协作平台作用，研究建立统一全面的理财产品市场统计分析及风险预警系统，及时监测、分析和评估跨市场、跨行业、跨区域的金融业务风险。三是加强金融监管部门沟通协作，密切关注监管政策动向，及时调整证券公司通道业务监管导向，促进行业持续健康发展。

（四）期货公司规模增长但利润下滑，综合实力仍待提升

截至2013年末，期货公司总资产（不含客户资产）629.89亿元，净资产522.14亿元，净资本439.37亿元，同比分别增长14.24%、14.34%和5.38%。代理的客户保证金总额1 939.18亿元，同比增长9.74%，全年实现营业收入183.04亿元，同比增长7.30%，净利润35.49亿元，同比下降0.50%（见图4–6）。

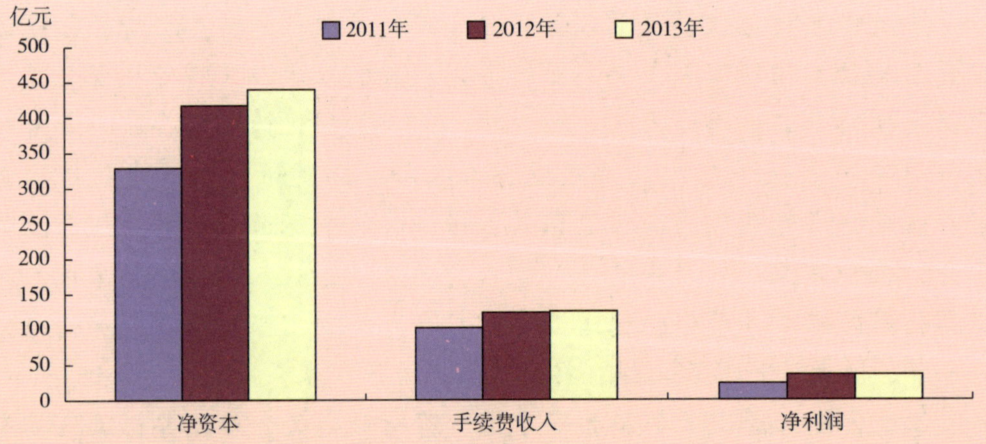

数据来源：中国证监会。

图4–6　2011—2013年期货公司主要指标变化情况

与其他金融机构相比，期货公司综合实力仍然较弱。截至2013年末，期货公司平均净资本2.82亿元。期货公司业务创新有所发展，但收入来源单一的问题未得到显著改善，仍主要依靠客户佣金收入和客户保证金利息收入，2013年手续费收入125.51亿元，利息收入53.99亿元，在总营业收入中占比高达68.57%和29.50%。

（五）基金业总体发展平稳，货币市场基金创新步伐加快

截至2013年末，基金净值约3万亿元，同比增长4.53%。其中，股票型基金

占比38.47%，较上年末下降1.57个百分点，混合型基金占比18.88%，较上年末下降0.82个百分点，债券型基金占比15.78%，较上年末上升2.60个百分点，货币市场基金占比24.90%，较上年末上升4.95个百分点。受股票市场下跌及债券市场波动等因素影响，股票类和债券类基金发展速度有所下降，但货币市场基金利用互联网加大产品、渠道和服务创新，满足了企业和居民资金流动性管理和保值增值的需求，也促进了自身发展。

专栏9　货币市场基金创新及影响

货币市场基金是指以现金、协议存款、一年以内（含一年）的银行定期存款，剩余期限在三百九十七天以内（含三百九十七天）的债券，剩余期限在一年以内（含一年）的债券回购，剩余期限在一年以内（含一年）的中央银行票据，中国证监会、中国人民银行认可的其他具有良好流动性的货币市场工具为投资对象的基金。近年来，我国货币市场基金不断创新，在赎回、支付、转账、投资等方面的便利性逐步提升，主要具有以下特点：一是部分产品通过相关机构垫资实现T+0赎回，投资者一定额度内可以实现当日赎回。二是开通支付和还款功能，通过第三方支付平台等，实现货币市场基金产品与多家银行还款账户、指定网络购物商户或生活支付平台的对接，为投资者增加生活消费的便利。三是绑定银行账户，增加客户粘性。

货币市场基金创新对基金行业自身发展、现金管理行业竞争格局、金融市场稳定性都可能产生重要影响。第一，货币市场基金功能创新在保留其安全性和收益性特点的基础上，更好地满足了投资者对闲置资金的高流动性需求，并通过“一站式”服务，承担起现金蓄水池和投资中转站的重要作用。第二，货币市场基金与网络即时消费支付高度绑定，成为互联网金融的重要载体，但存在对投资者风险收益揭示不足和支付安全等潜在风险。第三，在T+0赎回、银基快速转账的支持下，货币市场基金的类储蓄性质大为增强，对银行短期储蓄形成冲击，可能影响银行负债结构和成本。第四，货币市场基金存在类似存款挤兑的风险，多层次系统性风险防范与救助机制仍有待完善，在极端市场情况下可能出现大量赎回，形成对金融市场和其他金融机构的冲击。

总体来看，货币市场基金创新有助于提高行业竞争力，满足多元化投融资需求，但其快速发展引起的存款分流、金融市场波动以及监管不足等问题也值得密切关注。为促进其规范发展，下一步，应加大金融监管协调力度，明确监管分工和合作方式，加强风险监测评估，切实防范潜在的系统性风险。

三、展望

2014年，证券期货业将深入贯彻落实党的十八大和十八届二中、三中全会精神，以提高服务资本市场和实体经济能力为目标，继续推动市场化改革，推进监管转型，在规范市场主体行为的基础上稳步开展产品和业务创新，切实保护投资者合法权益，实现持续健康发展。

（一）建设多层次资本市场，深化行政审批制度改革

继续壮大主板市场，改革创业板市场制度，支持中小微企业在全国中小企业股份转让系统挂牌，推动多层次资本市场发展。推动原油等大宗商品期货和金融期货上市，加大期权、商品指数、碳排放权等新交易工具的创新力度，推动其他成熟品种开展连续交易和保税交割。坚持市场化改革方向，进一步精简行政审批、备案登记等事项，做好审批事项调整后的衔接工作，继续简化审批环节，及时、全面地公开审批标准、流程、期限和方式，激发市场动力和内在活力。

（二）推进股票发行注册制改革，提升上市公司监管效能

全面落实《关于进一步推进新股发行体制改革的意见》，在现有法律框架内提高发行审核效率，优化发行审核流程，增强发行审核透明度，公开审核流程及审核意见，发审会过程向公众公开，为向注册制过渡创造条件。同时会同相关单位，积极研究论证注册制改革整体方案，推动《证券法》修改。证券监管部门强化事中和事后监管，继续推动上市公司并购重组市场化改革，进一步完善上市公司退市制度，做好高风险上市公司风险处置预案。构建非上市公众公司监管体系，加强信息披露合规性监管，强化全国中小企业股份转让系统公司自律监管。

（三）鼓励开拓创新，保护投资者合法权益

鼓励证券期货经营机构开展资产证券化业务，规范证券公司融资类业务和场外交易业务发展。支持基金产品创新，允许符合条件的资产管理机构开展公

募基金管理业务，支持基金管理公司子公司和期货公司发展资产管理业务。稳步推动资本市场双向开放，积极支持中国（上海）自由贸易试验区建设，在成熟期货品种上试点引入境外投资者，允许境内证券期货经营机构设立、收购或参股境外经营机构。加大对虚假陈述、市场操纵和内幕交易等证券违法违规行为的打击力度，强化上市公司、中介机构等市场参与主体的市场约束和诚信约束，促进市场参与各方归位尽责。规范投资者适当性分类标准，推动上市公司构建多元化投资回报体系，建立各类中小投资者权益纠纷解决机制，健全中小投资者赔偿机制。

（四）健全法律法规体系，加强基础设施建设

推动《证券法》的修订，加快“期货法”的制定，出台上市公司监管条例和私募投资基金管理暂行条例等行政法规，完善资本市场法律法规和司法解释，集中开展相关规章、规范性文件的清理和整合。推进资本市场中央监管信息平台建设，实现监管数据信息的统一、全面、共享。基本完成统一数据报送系统和中央数据库的建设，建立集中统一的电子化信息披露平台，形成资本市场系统性风险的日常监测、评估及应急处置机制。

第五章

保险业

2013年，保险业继续保持稳中有进的发展态势，资产规模进一步增长，保费增速逐步回升，经营效益大幅提高，市场化改革不断推进。当前保险业正处于转型升级的关键时期，防范风险的形势仍然严峻，下一步将继续全面深化改革，加大产品和服务创新，提高可持续发展能力。

一、运行状况

（一）资产规模继续增长，保费增速逐步回升

截至2013年末，保险业总资产达到8.3万亿元，同比增长12.7%（见图5-1）。其中，财产险公司总资产1.1万亿元，同比增长11.9%；寿险公司总资产6.8万亿元，同比增长15.4%；再保险公司总资产2 103.9亿元，同比增长14%；资产管理公司总资产190.8亿元，同比增长29.9%。保费增速回升，全年保险业实现保费收入1.72万亿元，同比增长11.2%，增幅比上年增加3.2个百分点。其中，财产险保费收入6 212亿元，同比增长16.5%；寿险保费收入9 425亿元，同比增长5.8%；健康险保费收入1 123.5亿元，同比增长30.2%；意外险保费收入461.3亿元，同比增长19.5%。

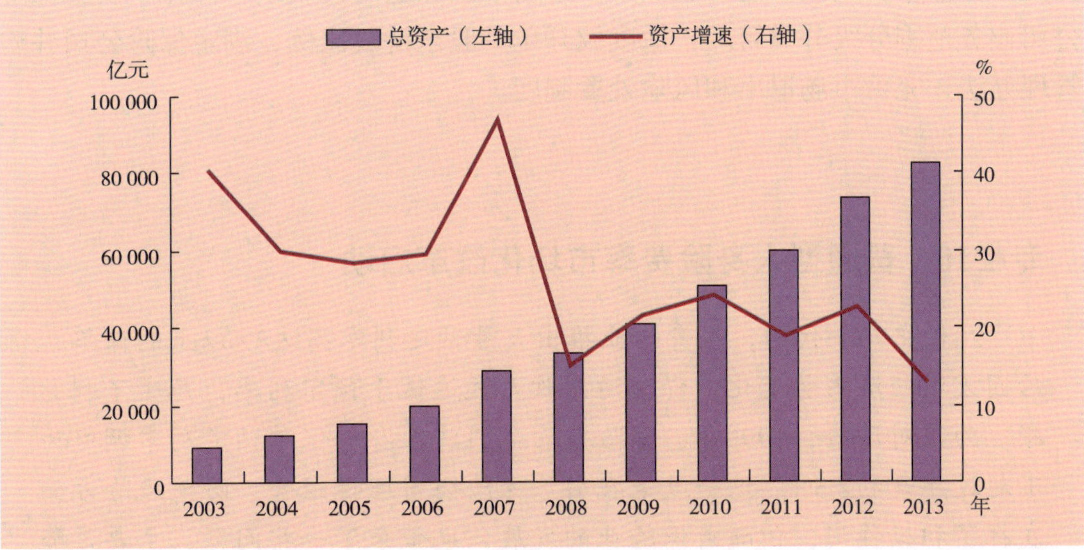

数据来源：中国保监会。

图5-1 保险业总资产及增速

（二）机构数量和种类增加，改革创新取得进展

2013年，全国保险机构比上年新增10家，达到174家。其中，保险集团和控股公司10家，财产险公司63家，人身险公司71家，再保险公司8家，资产管理公司18家，出口信用保险公司1家，其他机构3家。中国太平保险集团公司重组改制取得阶段性成果，6月召开新公司创立大会，改制为有限责任公司。中石油自保公司获批，宁波的保险农村互助社试点扩大。国内首家互联网保险公司——众安在线财产保险股份有限公司开业，中国人寿电子商务有限公司成立，网络销售渠道得到大力拓展。保险机构被允许进入公募基金市场，国内首家保险系基金公司——国寿安保基金管理有限公司于2013年11月挂牌成立。2013年7月，中国平安保险集团被金融稳定理事会和国际保险监督官协会认定为首批9家全球系统重要性保险机构之一。

（三）市场化改革积极推进，行业发展动力增强

普通型人身险费率改革正式启动，放开已实施十余年的2.5%的产品预定利率限制，同时降低保障产品的资本要求。资金运用市场化改革不断推进，减少行政审批，改进保险机构投资能力监管，进一步拓宽保险投资渠道，允许保险资产管理公司设立资产管理产品，投资范围包括股票、债券、证券投资基金、基础设施和不动产投资计划等，允许保险资金投资创业板上市公司股票，开展历史存量保单资金投资蓝筹股试点。市场准入和退出机制改革深化，实施保险公司业务范围分级分类管理，适度放开单一股东持股比例，制定保险公司并购管理办法，完善市场退出和风险处置制度。

专栏10　普通型人身险费率市场化改革启动

20世纪90年代初，人身险业推出大量预定利率高达8%以上的保单，后因宏观经济形势变化，资金运用收益远远低于预定利率，产生了利差损。为应对风险，1999年，保险监管部门将人身险保单预定利率调整为不超过年复利2.5%。这一政策在引导保险公司理性经营、防范风险方面发挥了积极作用，但随着保险业的发展，也带来了一些问题，主要是降低了普通型人身险产品吸引力，人身险业不得不依靠储蓄替代型产品（如分红险等）获取收入，从而偏离了保障功能。近两年保险资金运用收益不佳，储蓄替代型产品增长乏力，在这种形势下，迫切需要适度放

开普通型人身险保单预定利率上限。

2013年8月，保险监管部门发布《关于普通型人身保险费率政策改革有关事项的通知》，改革的基本思路是“放开前端、管住后端”。在前端，允许保险公司根据市场供求关系自主确定产品预定利率，不再执行2.5%的上限限制。在后端，监管部门通过设定法定责任准备金评估利率引导保险公司合理定价，改革后新签发的普通型人身保险保单，准备金评估利率不得高于保单预定利率和3.5%的小者。同时，适当降低长期人身保险业务中风险保额的最低资本要求，鼓励和支持发展风险保障业务，强化偿付能力监管约束。

费率改革将定价权交给市场和企业，调动了市场积极性，保险公司纷纷加快相关产品的开发，保险业回归保障的步伐加快，截至2013年9月末，人身险公司报送费率改革新产品82个，其中保障型产品占比达70%，少数产品的预定利率达4%。改革启动以来，普通型人身保险新单保费同比增长520%，增速创13年来新高，结束了两年来新业务的下滑态势。但值得注意的是，费率改革也可能产生新的退保风险和利差损风险，对保险公司的产品设计和定价、资产负债管理和风险防范等能力提出了更高要求。

（四）积极服务社会，农业保险、大病保险和责任保险发展取得新突破

2013年，保险业赔款和给付6 212.9亿元，同比增长31. 7%（见图5–2），高于保费增速20. 5个百分点，行业服务社会能力不断提升。2013年3月1日《农业保险条例》正式实施，农业保险全年实现保费收入306.6亿元，同比增长27.4%，向3 177万受灾农户共支付赔款208.6亿元，同比增长41%，主要农作物的承保面积突破10亿亩，保险金额突破1万亿元。国务院部署促进养老服务业和健康服务业发展工作，加强养老、健康服务与保险业的良性互动，丰富商业健康保险产品，发展多样化健康保险服务。大病保险试点工作有序推进，在全国25个省份的144个统筹地区全面推开，覆盖人口3.6亿。财政部、人力资源和社会保障部及国家税务总局联合发布企业年金、职业年金个人所得税递延纳税优惠政策，促进多层次养老保险体系建设。广州等地启动高环境风险行业环境污染强制责任保险试点。部分省市探索建立了巨灾保险制度。

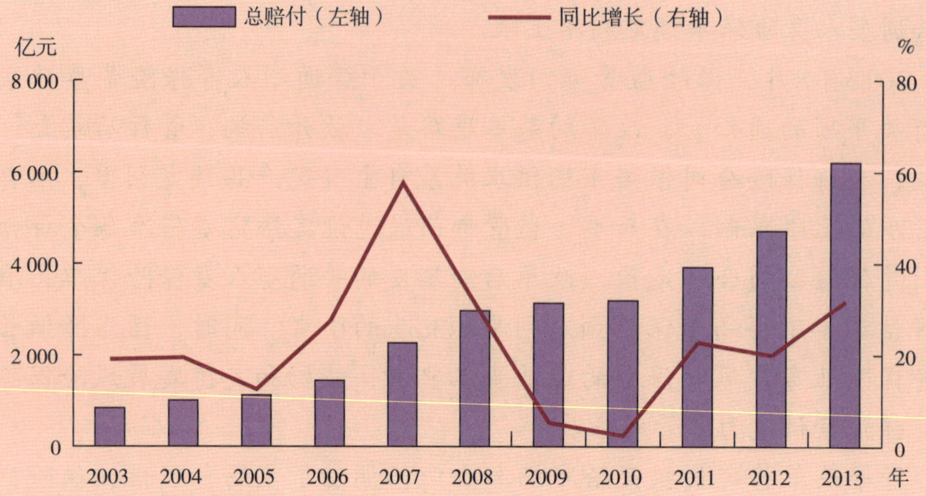

数据来源：中国保监会。

图5-2 保险业总赔付及增速

专栏11 积极推动农业保险发展

农业保险是建立健全农业支持保护体系、扶持农业发展的一项有效政策工具。2007年，中央财政开始实施农业保险保费补贴政策，我国农业保险进入快速发展阶段。2013年，《农业保险条例》正式实施，农业保险发展进一步加快。

我国农业保险实行"政府引导、市场运作、自主自愿、协同推进"的原则，各地在开展过程中形成了多种模式。一是由政府采用招标等方式选择具有实力的保险公司承办，由承办公司自主经营，自负盈亏。二是由多家保险公司组成共保体共同承保，各公司按约定比例分摊保费、承担风险。三是政府与保险公司联合承保，按约定比例，将保费划入政府设立的农业保险基金专户和保险公司账户，双方按比例承担风险。四是政府委托符合条件的保险公司代办，保险公司只收取代办费，保费收入存入政府账户，承保风险也由政府承担，目前大多数地区采用前两种模式。财政支持在农业保险发展中发挥了重要作用，2013年，在农业保险保费收入中，含财政补贴的农业保险保费收入占97%以上。我国农业保险在发展过程中也存在一些问题，保障程度较低，收益型保险产品少，部分地区对粮食作物、经济作物、家畜设定同样的保险费率，定价科学性有待提高，大灾风险分散机制需要进一步完善。

下一步，要认真贯彻落实党的十八届三中全会精神，充分发挥市场机制的作用，减少政府干预，更好地支持农业保险发展。一是加强保险业经验数据的积累和分析，提高农业保险产品定价的科学性。推进产品创新，扩大承保标的范围，区分农户不同的保险支付能力和保障需求，为其提供更多的产品选择。二是加大农业保险支持力度，提高三大粮食作物保险覆盖率和风险保障水平，鼓励开展特色优势农产品保险，加快建立财政支持的农业保险大灾风险分散机制。三是减少行政干预，增加保险公司在保险条款、费率制定、理赔等方面的话语权，加强政府各部门间的协作，提高农业、林业、水利、气象等部门在灾害预报、查勘定损等方面对农业保险的支持力度，共同推进农业保险发展。

（五）监管持续完善，消费者权益保护得到加强

围绕“抓服务、严监管、防风险、促发展”，保险监管部门加大查处力度，以保险公司和兼业代理机构为重点，开展对公司治理和内控、数据真实性和车险理赔难等的检查。制定电话销售和银保渠道销售行为管理办法，规范保险专业中介机构基本服务标准，加强对保险销售、经纪、公估从业人员的管理。加强偿付能力监管，完成第二代偿付能力监管制度体系建设的顶层设计，出台了整体框架，确立了包括定量监管、定性监管和市场约束在内的“三支柱”监管体系，研制偿付能力各类风险计量和评估标准并开展定量测试。创新资本补充渠道，允许保险集团发行次级债，多渠道增强保险公司资本实力。排查集中给付和非正常退保风险，加强资金运用风险监管。努力提升保险业形象，建立全国保险公众宣传日，提升保险消费者保护水平，完善寿险销售误导治理效果评价机制，建立车险理赔服务评价指标体系，出台保险消费投诉处理管理办法，健全保险纠纷调处机制。

二、稳健性评估

（一）资金运用收益水平提升，另类投资规模扩大

2013年，保险业充分利用资金运用市场化改革契机，根据市场变化及时调

整投资策略、优化资产组合。减少活期存款，增加大额协议存款，减少国债和金融债，增加高收益企业债，加大基础设施、不动产、资产支持计划、股权计划等另类投资力度。存款和债券的投资比重分别比上年下降4.7个和1.1个百分点，另类投资占比较年初上升6.3个百分点。全年保险资金运用收益3 658亿元，收益率达到5.04%，比上年上升1.65个百分点（见图5-3），其中，另类投资的收益率超过6.5%，为拉升保险资金运用收益率起到了重要作用，但也需要防范投资风险，并避免资金投向宏观调控限制的领域。

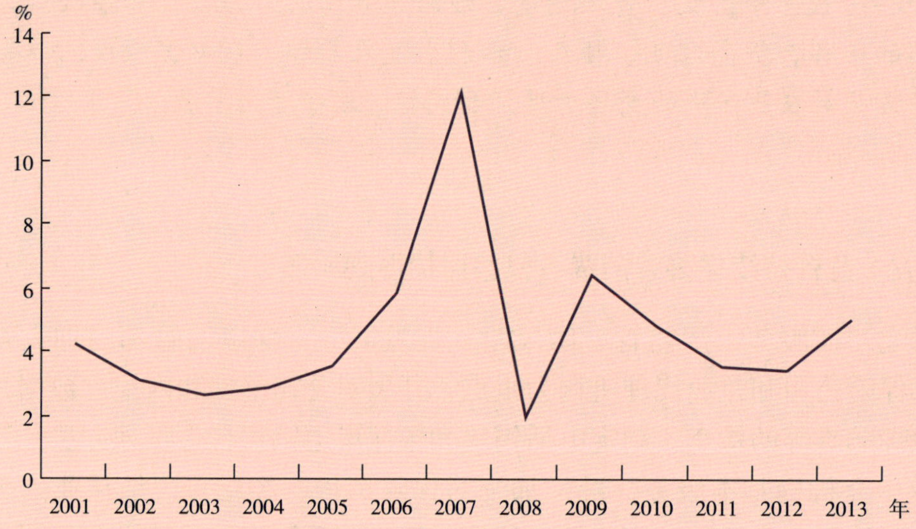

数据来源：中国保监会。

图5-3　保险资金运用平均收益率

（二）财产险业承保利润下滑，利润小幅增加

2013年，我国汽车产销首次突破2 000万辆大关，有力地带动了车险业务的增长，车险保费同比增长17.9%，《农业保险条例》正式实施，进一步推动了农业保险发展，责任保险、企业财产保险等也保持了增长势头，全年财产险公司实现保费收入6 481亿元，同比增长17.2%，比上年提升1.5个百分点。但受“菲特”、“天兔”、“海燕”台风和东北水灾等自然灾害和车辆维修成本上涨等因素的影响，财产险公司赔付率明显上升，综合比率达到99.5%，比上年增加5.4个百分点，承保利润大幅下滑，在较好的投资业绩支撑下，财产险公司仍实现利润350亿元，同比增加28.6亿元（见图5-4）。

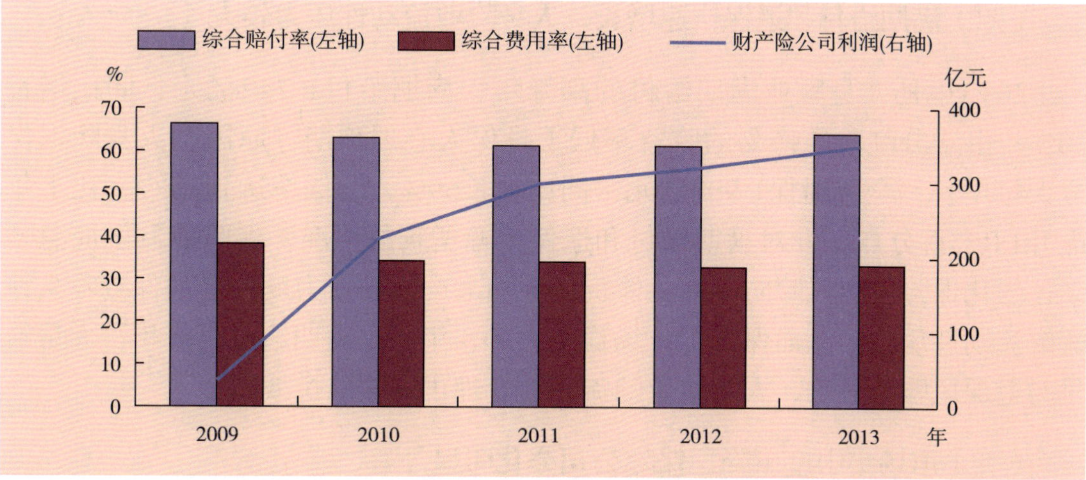

数据来源：中国保监会。

图5-4　近年来财产险业综合比率及税前利润情况

（三）人身险业保费增速反弹，利润大幅增长

银保渠道保费延续了下滑态势，个体营销员渠道保费获得增长。2013年，分红险、投连险、万能险保费收入分别同比增长3.5%、1.6%和9.9%，普通型寿险增长较快，保费同比增长23.8%，在寿险保费中占比达到12.7%。2012年8月《关于城乡大病保险工作的指导意见》发布以来，健康险保费快速增长，2013年人身险公司健康险保费同比增长27.2%。在多种因素共同作用下，人身险公司全年实现保费收入1.07万亿元，同比增长7.9%，比上年增加3.8个百分点，且产品结构有所改善。受益于投资收益的明显提升，人身险业全年实现利润496.9亿元，比上年大幅增加428.1亿元（见图5-5）。

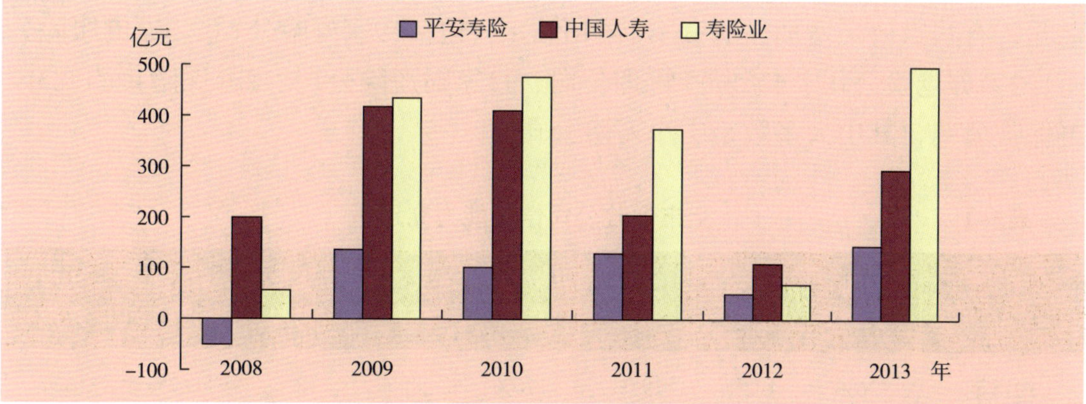

数据来源：中国保监会。

图5-5　中国人寿、平安寿险及寿险业税前利润情况

（四）满期给付和退保快速增长，人身险业流动性压力较大

2013年是人身险业满期给付的高峰年，满期给付1 742亿元，同比增长70%。由于分红险等产品的收益率低于投保人心理预期等原因，人身险退保金大幅增长，全年退保1 907亿元，同比增长59%，退保率达到3.8%，比上年提升1.0个百分点。针对满期给付和退保大幅增长的情况，保险业制定应急预案，强化保险公司风险防范的主体责任，加大产品创新力度，增加保费收入，缓解流动性压力，从而保持了市场稳定。2014年仍是满期给付高峰年，大量给付与退保风险相叠加，人身险业的流动性管理仍将面临挑战。

（五）市场集中度下降，保险公司分化明显

2013年，我国财产险和人身险的赫芬达尔指数分别为0.174和0.141，比上年分别下降0.003和0.010。最大财产险公司和人身险公司的保费市场份额分别为34.4%和30.4%，比上年分别下降0.5个和2.0个百分点。在财产险公司中，上市公司经营结果较好，中小公司经营结果不佳，个别公司亏损严重。在人身险公司中，上市公司运行平稳，投资收益同比大幅增长，中小公司退保情况较为突出，4家专业健康险公司全部亏损，但银行系公司依靠银保渠道优势保费普遍大幅度增长，工银安盛、交银康联、农银人寿、中邮人寿保费同比分别增长117%、86.4%、74.4%和58.4%。

（六）多渠道补充资本金，偿付能力较为充足

保险公司资本补充渠道不断拓宽。2013年，保险公司通过股东增资、次级债和次级可转换债券等方式，有效补充了资本，全行业偿付能力整体充足（见表5-1）。其中，有5家公司发行次级债共260亿元，有1家发行可转换债券260亿元，有44家公司增加注册资本共646亿元，包括19家寿险公司、3家健康险公司、2家养老险公司、4家资产管理公司、11家财产险公司、2家保险集团及3家再保险公司，其中大多数是中小寿险公司。

表5-1　　上市保险公司偿付能力充足率

	中国人寿	平安寿险	太保寿险	新华保险	人保寿险	人保财险	平安产险	太保产险
2013年	226%	172%	191%	170%	202%	180%	167%	162%
2012年	236%	191%	211%	193%	130%	175%	178%	188%

数据来源：上市公司年报。

（七）保险投诉增加，消费者权益保护有待加强

2013年，保险监管部门接到有效投诉事项22 673件，同比增长30.6%。其中涉及财产险公司的投诉9 055件，平均每亿元保费投诉1.4件；涉及人身险公司的投诉12 228件，平均每亿元保费投诉1.14件。财产险投诉中，因消费者对理赔服务质量和定损价格不满等原因而产生的理赔/给付纠纷占75.1%。人身险投诉中，以反映保险公司欺诈和误导销售为主的违法违规类投诉占34%，认为保单现金价值低或不认同保险公司扣除退保费等产生的退保纠纷占26.1%。

三、展望

十八届三中全会对全面深化改革作出了战略部署，中央经济工作会议确立了稳中求进、改革创新的基调。保险业作为金融行业的重要组成部分，将贯彻落实会议精神，发挥保险的功能和作用，继续全面推进市场化改革，促进行业健康可持续发展。

（一）顺应形势变化，调整保险业发展战略

2014年，国际经济形势依然错综复杂，国内经济稳中向好的基础还不稳固，经济下行压力仍然存在。金融业格局也在发生深刻变化，综合经营加快，互联网金融异军突起，市场竞争日趋激烈。这些都将通过实体经济、金融市场等多种渠道对保险业发展产生较大影响。当前，保险业已从高速增长阶段进入增速相对平缓阶段，20%甚至30%的增速难以持续。在内外部环境发生深刻变化的背景下，行业长期以来形成的发展方式、产品体系、销售模式等都亟待调整。保险业将大力扭转过去高投入、高成本、高消耗、低效率的粗放型发展方式，转入集约经营和内涵式增长。保险公司需要走差异化发展道路，提升产品和服务创新水平，加大力度发展长期储蓄型和风险保障型保险产品，进一步优化业务结构和渠道结构，促进保险市场均衡发展。

（二）加快重点业务领域发展，更好地服务实体经济

保险业将紧紧围绕经济、社会发展大局，争取政策支持和立法保障，加大产品和服务创新，积极推动农业保险、巨灾保险、商业养老和健康保险、责任保险等的发展，支持实体经济建设。在运用好现有政策的基础上，继续扩大农业保险保障范围和覆盖区域，推动发展地方特色农产品的农业保险，开发推广农产品价格指数保险。发挥政府和市场的作用，逐步建立符合我国国情的巨灾

保险制度，制订实施方案，推动有条件的地区因地制宜探索开展巨灾保险试点。大力发展商业养老和健康保险，继续推进个人税收递延型养老保险试点工作，鼓励保险机构参与养老服务业建设，扩大试点范围，推广城乡居民大病保险业务，开展保险业受托管理各类医疗保障服务。深入发展医疗、环境污染等责任保险，推动食品安全责任强制保险立法。

（三）深入推进市场化改革，提升保险业竞争力

全面深化市场化改革，厘清监管与市场、行业的关系，真正把责任和投资权交给市场主体，增强市场活力，提升行业竞争力。建立市场化的定价机制，启动分红险、万能险费率形成机制改革及与之相适应的精算制度改革，积极稳妥推进市场化的商业车险条款费率管理制度改革，统筹考虑交强险改革。坚持资金运用市场化改革方向，开展资金运用比例监管改革，进一步放宽投资领域和范围，加强资金运用风险监管制度建设。继续推进市场准入退出机制改革，完善市场退出和风险处置机制，优化准入标准和审核流程，研究建立市场准入预披露制度，规范并购重组行为。加快产品管理市场化改革，探索建立产品创新认定和保护机制，简化产品审批和备案环节。推动保险营销体制改革，鼓励和支持银保合作转型。

（四）立足保险业长期发展，加强资产负债匹配管理

引导保险机构树立资产负债匹配理念，在综合考虑我国经济金融环境和相关监管法规等因素下，建立与完善资产负债管理机制，建立产品开发和投资的协调机制，保持产品、精算、投资、销售的一致性，防范产品定价风险和利差损风险。产品设计时，考虑投资能力和市场状况，真正实现资产方和负债方良性互动；资金运用时，根据负债特点和金融市场状况确定资产配置策略，通过理性和稳健的投资，实现长期与稳定的回报。大力发展金融市场，开发长期债券产品，有序发展与利率和汇率相关的期货、期权等衍生产品，为保险公司提供尽可能多的资产配置工具。

（五）提高监管的科学性和有效性，强化监管协作

继续推进第二代偿付能力监管体系建设，加强偿付能力监管，加大偿付能力硬约束，研究制定资本补充管理办法，拓宽资本补充渠道。切实改进监管方式，加强过程监管，抓好分类监管和非现场监管，强化信息披露和内部控制要求。规范市场秩序，强化市场行为监管，加大检查力度，严厉查处违法违规行为，全面清理整顿保险中介市场，加强对互联网等新型保险渠道和模式的监管。继续整治理赔难和销售误导问题，进一步完善保险纠纷调处机制，提高消费投诉处理工作水平和效率，切实保护消费者权益。加强监管协作，落实金融监管协调部际联席会议制度，密切跟踪并积极参与国际保险业监管改革，完善对全球系统重要性保险机构的监管，防范跨市场跨境金融风险。

（六）健全风险预警和处置机制，严守风险底线

完善风险预警机制，建立风险监测、评估、预警体系，增强风险应急处置能力，完善应急预案，健全保险保障基金的救助和融资机制，明确风险处置触发条件，丰富风险处置工具箱，坚守风险底线。防范化解满期给付和退保风险，针对重点公司和业务等开展风险排查，督促保险公司积极稳妥处理突发事件。防范化解偿付能力不足风险，加大偿付能力压力测试工作力度，及时采取预防性措施，建立资本分级制度，研究推进保险资金全托管。防范化解流动性风险，规范高现金价值业务，在风险可控的基础上推进产品创新。防范化解资金运用风险，构建资金运用监管新框架，在加强非现场监测与现场检查的基础上，强化信息披露、内部控制、分类监管和资产认可等监管工具，推动资金运用属地监管试点。

专栏12　规范保险专业中介市场

保险专业中介对于促进保险公司专业化经营，降低交易成本，完善保险市场结构，推动保险业健康发展具有重要意义。在保险业发达国家和地区，保险专业中介市场通常都发挥着重要作用。英国40%的财产险保费由保险经纪人实现，保险经纪行业总产值约占全国GDP的1%，美国大多数保险业务由保险代理人和经纪人完成。

近年来，我国保险专业中介发展较快，2004年至2012年实现的保费收入年均增长25.8%，但与保险业发达国家相比，仍有较大差距。2013年上海泛鑫保险代理公司擅自销售自制理财产品、资金链断裂后总经理跑路事件，暴露了保险专业中介市场存在的以下问题：一是公司治理不完善，部分机构内控体系薄弱，虚构业务非法套取资金和销售误导行为屡屡发生。二是能力不足，一些机构缺乏经营管理人才和专业人才，资本实力弱，专业化程度低，竞争主要依靠垄断客户资源，抬高手续费和佣金。三是补偿机制有待完善，保险专业中介机构主要通过投保职业责任险或缴存保证金来应对纠纷或机构破产时对投保人的补偿责任，可能出现补偿资金不足的情况。四是监管存在薄弱环节，监管制度和手段不适应行业发展的需要。上述问题严重影响了保险专业中介行业的发展，也给保险业的发展和声誉带来了负面影响。

下一步，需借鉴国际经验，规范保险专业中介市场发展。一是综合研究保险公司和保险专业中介机构的分工和角色定位，引导保险公司设立专业销售公司，支持专业中介机构市场重组与并购，上市融资，建立健全全国性服务网络。二是引导保险专业中介机构加强公司治理和内控制度建设，强化依法合规经营，提高中介队伍素质，增强保险产品销售和服务以及风险管理能力，提升专业化水平。三是强化监管，完善相关规章制度，严格市场准入，实行稳妥的市场退出方式，加大查处力度，加快行业自律组织建设，建立诚信体系。

第六章

金融市场

2013年，我国金融市场继续健康发展，市场运行基本平稳，规模不断扩大，创新力度进一步加大，各项改革措施稳步推进，促进经济结构调整和转型升级的作用进一步发挥。

一、市场运行情况

（一）回购和拆借市场

回购和拆借市场交易活跃，期限以短期为主。2013年，银行间市场同业拆借累计成交35.5万亿元，同比下降23.9%，债券回购累计成交158.2万亿元，同比增长11.6%。成交期限以短期为主，7天以内同业拆借成交33.4万亿元，占拆借成交总量的94%，较上年下降1个百分点；7天以内质押式回购成交139.8万亿元，占质押式回购成交总量的92%，较上年下降2个百分点。

市场利率波动加大，利率中枢上移明显。2013年12月，质押式回购加权平均利率4.28%，较年初上升203个基点，较上年同期上升166个基点。从全年走势来看，以年中为界，货币市场利率中枢前低后高。以7天质押式回购利率为例，上半年利率平均值3.9%，下半年利率平均值上升至4.4%。年内货币市场利率共发生两次比较大的波动：6月20日，7天质押式回购利率上升至11.62%，达到历史最高点；12月下旬，货币市场利率再次出现短期波动，12月23日，7天回购利率上升至8.94%，创下半年利率新高（见图6-1）。

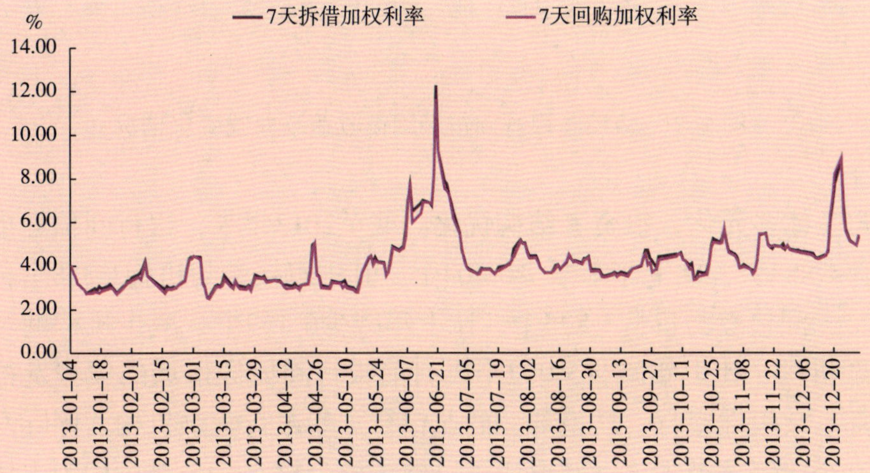

数据来源：全国银行间同业拆借中心。

图6-1　2013年拆借和回购市场利率走势

（二）债券市场

发行规模继续扩大。2013年，债券市场累计发行人民币债券9.0万亿元，同比增长12.5%[①]，其中银行间债券市场累计发行人民币债券8.2万亿元，同比增长9.9%。截至2013年末，债券市场债券托管[②]总额达29.6万亿元，其中，银行间市场债券托管额为27.7万亿元，同比增长10.7%。

市场交易量减少，国债收益率曲线整体上移。2013年，银行间市场现券成交41.6万亿元，同比下降44.7%。全年来看，银行间市场债券指数由年初的144.65点下降至年末的143.93点，下降0.72点，降幅0.49%；交易所市场国债指数由年初的135.84点升至年末的139.52点，上升3.68点，升幅2.7%。与上年末相比，2013年银行间市场国债收益率曲线呈现平坦化上移趋势。12月末，国债收益率曲线1年、3年、5年、7年、10年的收益率平均比上年末高131个、132个、124个、112个、98个基点。

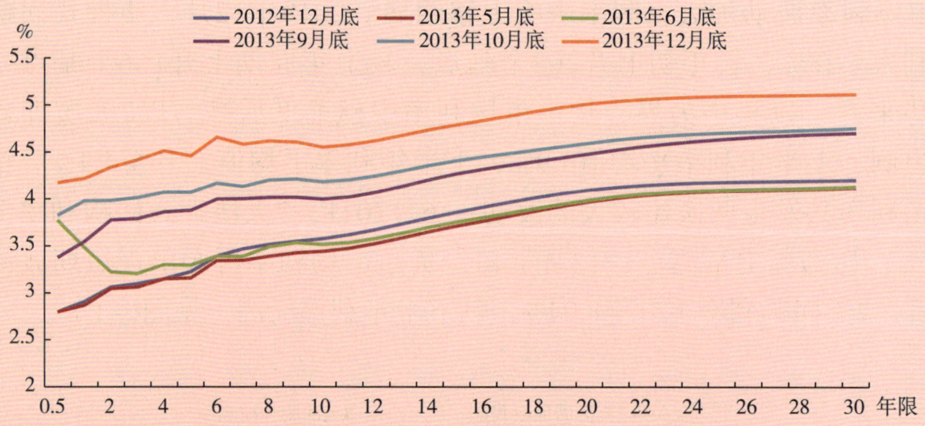

数据来源：中国人民银行。

图6-2　2013年银行间市场国债收益率曲线变化情况

参与主体多元化，投资者结构优化。截至2013年末，银行间债券市场共有参与主体4 883个，比上年末减少6 404个。其中直接参与机构1 358个，比上年增加63个，间接参与机构3 525个，比上年减少6 457个。减少机构的类型主要为非金融机构，比上年减少5 992个。目前银行间债券市场的债券发行机构包括财政部、政策性银行、铁道部、商业银行、非银行金融机构、国际开发机构和非金融企业等各类主体，并形成了以做市商为核心、金融机构为主体、其他

① 包含央行票据发行量。

② 包含央行票据托管量。

机构投资者共同参与的多层投资者结构。截至2013年末，已有138家包括境外央行、国际金融机构、主权财富基金、港澳清算行、境外参加行、境外保险机构、RQFII和QFII等境外机构获准进入银行间债券市场。随着创新产品的推出和基础设施的完善，市场层次更加丰富，运行效率进一步提高，银行间市场已成为各类市场主体进行投融资活动的重要平台。

（三）股票市场震荡走低

2013年，沪、深股市整体呈现震荡下行格局（见图6–3），上证综指2月18日一度上升至2 444.80高点，6月25日下探至1 849.65低点，之后止跌企稳，年末收于2 115.98点，同比下跌6.75%，深证成指收于8 121.79点，同比下跌10.91%。沪、深两市境内总市值23.90万亿元，流通市值19.96万亿元，同比分别增长3.79%和9.87%。全年沪、深两市日均股票成交金额1 969.45亿元，比上年增加674.52亿元。

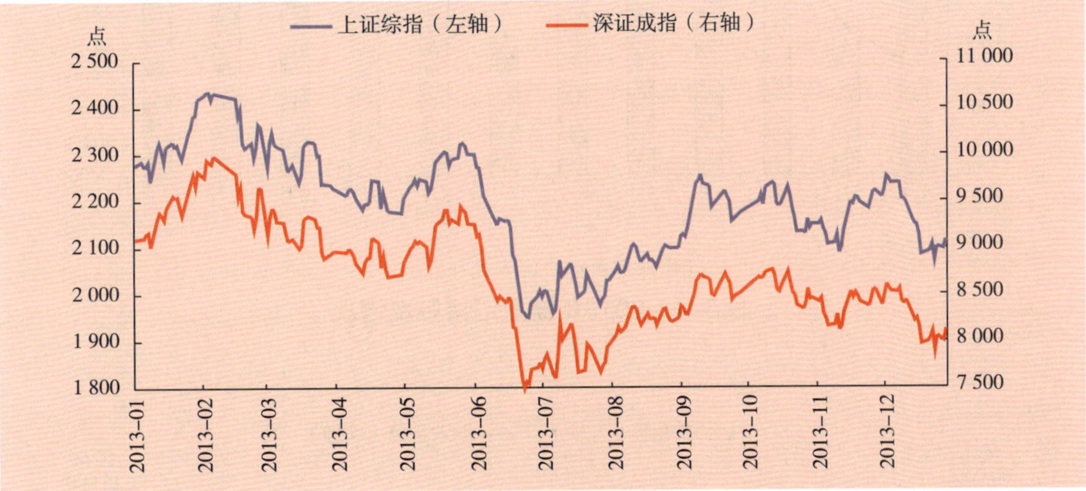

数据来源：万得数据库。

图6–3　2013年上证综指和深证成指走势

（四）人民币利率衍生品交易活跃度有所下降

2013年，人民币利率互换市场发生交易24 409笔，名义本金总额2.7万亿元，同比下降6.01%。从期限结构来看，1年及1年期以下交易最为活跃，其名义本金总额2.1万亿元，占总量的75.55%。从参考利率来看，人民币利率互换交易的浮动端参考利率主要包括7天回购定盘利率和上海银行间同业拆放利率（Shibor），与之挂钩的利率互换交易名义本金占比分别为65.32%和33.28%。

2013年，远期利率协议共成交1笔，名义本金额0.5亿元。债券远期成交1笔，成交金额1.01亿元。

（五）票据市场交易活跃

2013年，我国票据承兑业务增幅趋缓，企业累计签发商业汇票20.26万亿元，同比增长13.3%，增幅同比回落5.51个百分点（见图6-4）；期末商业汇票未到期余额9.03万亿元，同比增长8.29%，增幅同比回落17.08个百分点。票据融资交易活跃，全年金融机构累计贴现45.65万亿元，同比增长44.2%（见图6-5）；年末贴现余额1.95万亿元，同比下降4.07%。

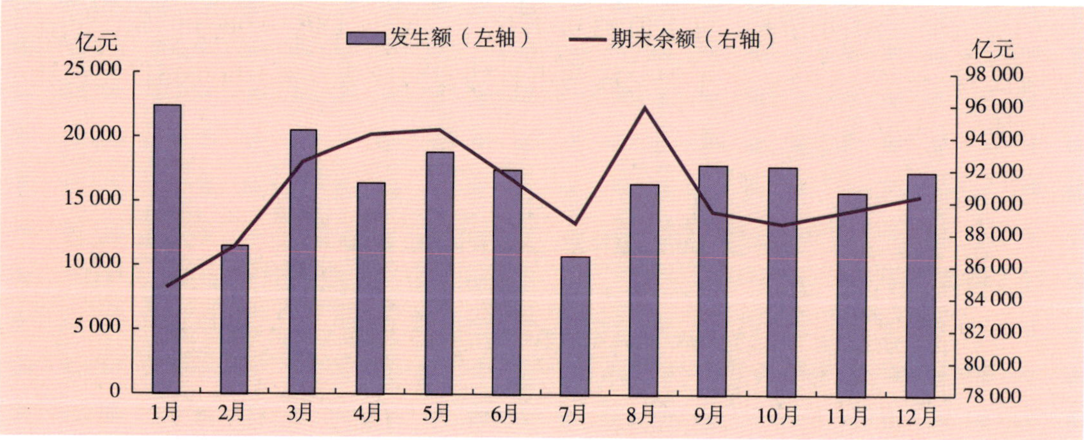

数据来源：中国人民银行。

图6-4　2013年商业汇票签发情况

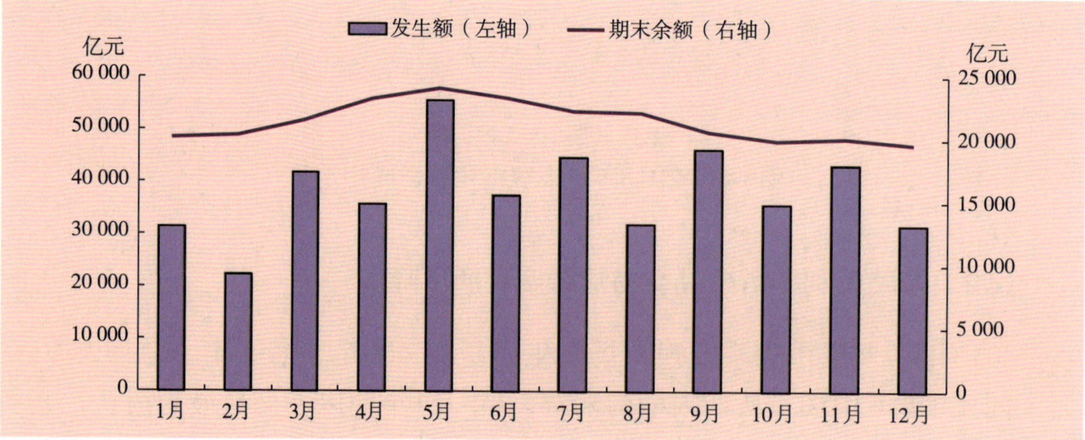

数据来源：中国人民银行。

图6-5　2013年商业汇票贴现情况

（六）黄金市场价格震荡下跌

2013年，国际黄金价格最高1 693.75美元/盎司，最低1 180.10美元/盎司，年末收于1 201.50美元/盎司，较上年末下跌462.50美元/盎司，跌幅为27.80%。国内金价与国际金价走势总体保持一致，上海黄金交易所Au9999最高价为340.80元/克，最低价为236.36元/克，年末收于236.46元/克，较上年末下跌98.04元/克，跌幅达29.30%。全年加权平均价为278.60元/克，比上年均价下降17.76%。上海黄金交易所交易规模大幅增长，创历年最高水平。2013年，黄金累计成交11 614.45吨，同比增长82.90%；成交金额32 133.84亿元，同比增长49.42%。

（七）外汇市场成交快速增长

2013年，人民币汇率总体走强，人民币对美元汇率中间价震荡上升，年末创新高6.0969，全年升值3.1%。人民币外汇市场成交活跃，银行间外汇市场全年成交7.6万亿美元，同比增长25.4%，其中人民币外汇市场成交7.5万亿美元，增长26.1%，“外币对”市场成交642.3亿美元，同比下降25.1%，其中成交最多的产品为欧元对美元，占市场份额比重为44.2%，同比上升15.1个百分点。外汇市场交易主体进一步扩展，截至2013年末，共有即期市场会员405家，远期、外汇掉期、货币掉期和期权市场会员分别为88家、87家、80家和33家，即期市场做市商31家，远掉期市场做市商27家。

二、市场融资情况

债券融资继续扩大。2013年累计发行人民币债券（含中央银行票据）约9万亿元，同比增长约12.5%。截至2013年末，国内各类债券余额约30万亿元，同比增长12.3%。国债预发行开始试点，提高国债发行定价效率。金融债券跨市场发行，进一步促进场内和场外市场互联互通，首批120亿元国开行金融债券已于2013年12月27日在上海证券交易所成功发行。

股票融资规模有所下降。2013年，A股市场新股发行暂停，境内股票融资额（现金）合计2 802.76亿元，同比下降10.38%，其中，首发募集资金为零；增发募集资金2 327.01亿元，同比增长17.99%；配股募集资金475.75亿元，同比增长293.18%。

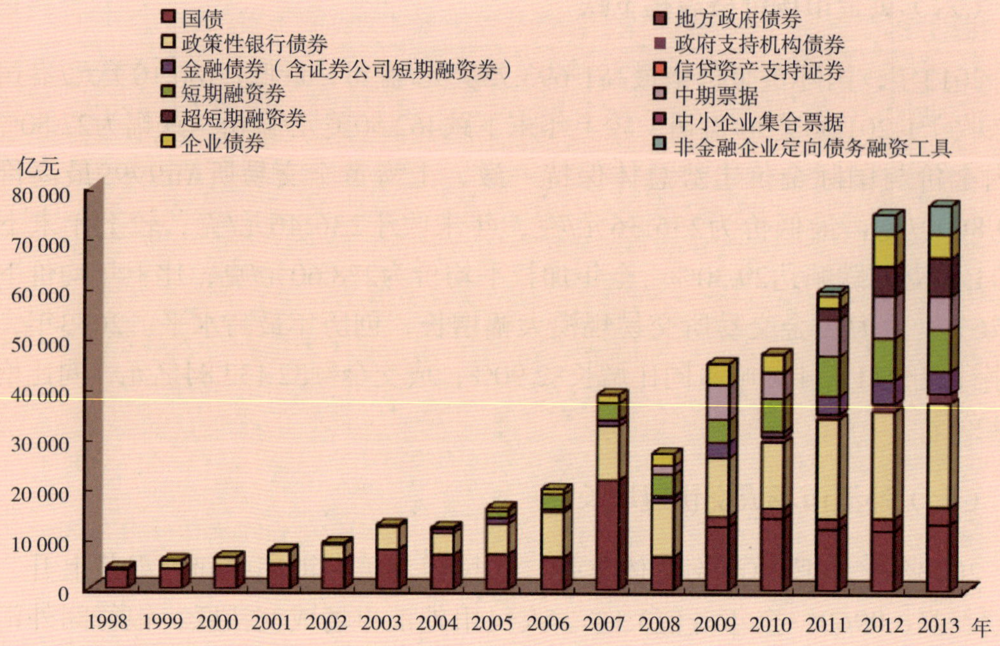

数据来源：中央国债登记结算有限责任公司、上海清算所。

图6-6 近年来银行间债券市场主要债券品种发行量变化情况

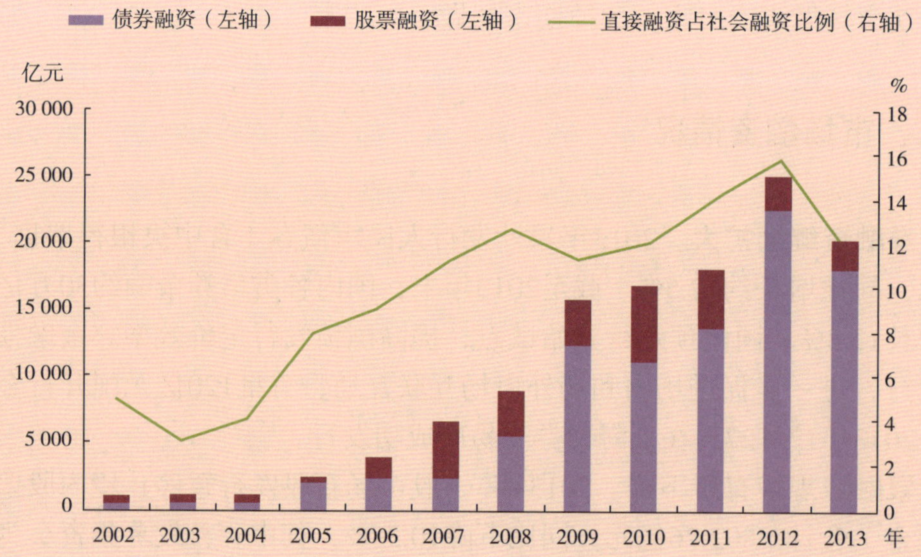

数据来源：中国人民银行。

图6-7 2002—2013年非金融企业直接融资规模及占社会融资规模比例

三、市场基础制度建设

进一步完善债券发行机制和要求。2013年9月，人民银行明确了金融债券定向发行的定义和特征、认购人资质要求等事项，进一步规范金融债券定向发行要求，支持金融机构债券发行方式的多样化。12月，上海清算所获准上线债券招标发行系统，为其登记托管的债券品种提供招标发行服务。该系统正式上线后，银行间债券市场债券招标系统容量将扩大数倍，从而为鼓励债券招标发行提供有力保障。人民银行会同财政部、证监会联合下发关于开展国债预发行试点通知并推动7年期国债作为首批预发行试点，完善市场定价机制。

规范银行间债券市场发展。一是规范银行间债券市场交易结算行为，明确全部交易须通过全国银行间同业拆借中心系统达成，不得撤销和变更，全国银行间同业拆借中心与债券登记托管结算机构应当完善基本信息核对机制和信息互换共享机制。二是进一步强化银行间债券市场券款对付结算要求，防范市场风险、提高市场效率。

加大银行间债券市场对外开放力度。为拓宽合格境外机构投资者的投资渠道，规范其投资行为，2013年3月，人民银行发布《关于合格境外机构投资者投资银行间债券市场有关事项的通知》，允许获得证监会核发资格及外汇局核批投资额度的QFII向人民银行申请进入银行间债券市场。

指导推出人民币利率互换集中清算业务。2013年12月，人民银行批复同意上海清算所开展人民币利率互换集中清算业务，发布《人民币利率互换集中清算业务规则》。人民币利率互换集中清算业务的推出，有利于进一步活跃市场交易、提高市场效率，对逐步构建我国场外金融衍生品集中清算整体框架、促进场外金融衍生品市场安全高效运行和健康发展具有积极意义。

积极发展多层次资本市场体系。2013年6月，国务院决定将全国中小企业股份转让系统（“新三板”）试点扩大至全国。12月，国务院发布《关于全国中小企业股份转让系统有关问题的决定》，对“新三板”的功能定位、转板制度建立、行政许可制度简化、投资者适当性管理及监管协作等方面作了规定。随后，“新三板”建设步伐明显加快。“新三板”的推出，有利于进一步发挥资本市场支持经济转型升级的重要作用，标志着我国多层次资本市场建设取得新进展。

四、稳健性评估

2013年，金融市场总体运行平稳，但受错综复杂的国内外经济金融形势影响，市场波动性增加。

货币市场利率波动上行，市场压力持续处于较高水平。截至2013年末，1天、7天质押式回购加权利率和3个月Shibor利率分别为3.2%、5.4%和5.56%，分别较上年下降66个、上升89个和166个基点。从全年看，货币市场利率呈现波动上行态势，时点因素影响明显。从市场压力水平看，2013年以来货币市场压力水平持续较高，并于6月中旬达到样本域内最高水平。

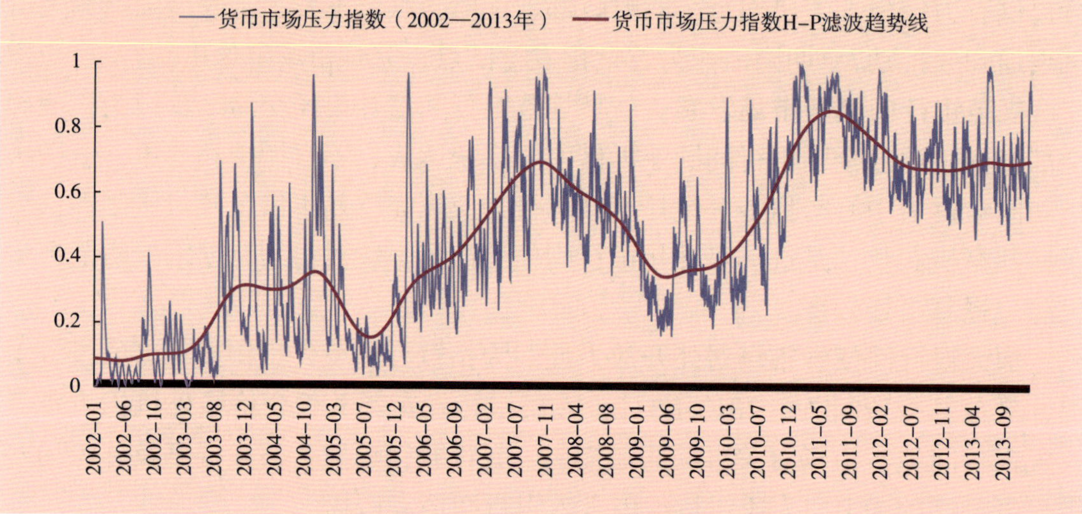

数据来源：根据万得数据库有关数据计算。

图6-8　2002—2013年货币市场压力指数

专栏13　2013年6月货币市场波动

2013年以来，我国银行体系流动性总体适度，货币市场运行基本平稳。但受多种因素影响，6月货币市场一度出现较大波动，银行间市场同业拆借和质押式回购加权平均利率分别为6.58%和6.82%，比5月分别上升366个和381个基点。

从直接影响因素看，一是5月、6月市场对美联储退出量化宽松政策的预期显著增强，一度引起国际资本流动的变化和国际金融市场的震荡，我国货币市场也受到了一定影响。二是税收清缴、节日现金投放、补缴准备金等时点性因素和外部“唱空”中国的噪音引起的市场预期变化等情绪性因素。从深层次的原因看，金融市场利率上升是流动性总量与微观主体资金需求相平衡的结果。当前，原有的依靠投资拉动经济增长的模式并未根本改变，产业结构调整又要占用两套资金，而一些经济主体由于存在“软约束”等问题，对利率上升不敏感，资金需求总体较为旺盛。商业银行扩张意愿也很强，同业业务快速增长，期限错配增加，相应地，加大了筹措资金的压力。

总之，利率的短期波动主要反映经济事件的影响，中长期看则与经济增长、通胀水平、经济结构等基本面因素关联，还会受到国际环境的外溢影响。深化利率市场化改革也会使一些隐性或人为压低的成本逐步显性化。应当看到，利率作为资金的价格，其随着经济形势和市场供需变化而适当浮动正是市场发挥资源配置决定性作用的表现，有利于促进经济结构调整和转型升级。金融市场的波动也有助于发现问题，促使市场自我调整和修复。

货币市场出现波动后，人民银行及时通过公开市场操作和常备借贷便利等政策工具向金融机构提供必要的流动性支持，并采用发布通知等方式加强与市场的信息沟通，促进了市场利率的平稳回落。为促进银行体系流动性适度和货币市场平稳运行，2013年下半年以来，人民银行进一步采取了一系列有针对性的措施：一是综合运用公开市场操作、短期流动性调节工具、常备借贷便利等多种流动性管理工具适时适度合理调节流动性，尤其是在季度末、现金投放高峰等特殊时点，及时加大短期流动性投放力度。二是加强与市场和金融机构的沟通，通过各种方式传达货币政策意图，积极引导市场预期。三是督促商业银行继续加强流动性和资产负债管理，合理安排资产负债总量和期限结构，有效控制流动性风险。在多种流动性管理措施的综合作用下，市场流动性总量适度、运行基本平稳，既有助于促进货币信贷总量合理适度增长，也为金融机构及时调整资产负债结构、降低期限错配风险等提供了较好的流动性环境。

受内外部环境复杂多变以及财政库款、现金投放的季节性变化等因素影响，下一阶段我国银行体系流动性形势依然较为复杂。人民银行将进一步加强对流动性形势的分析研判，合理搭配使用多种流动性管理工具，加强预调微调，把好流动性总闸门，落实好稳健的货币政策，为经济平稳增长以及推进改革和调整结构创造稳定的货币环境。

债券市场压力上升至较高水平。2013年全年债券市场压力水平高于2012年的平均水平，截至2013年末，一是银行间1年期、5年期和10年期固定利率国债到期收益率收于4.22%、4.46%和4.55%，分别较上年末上升130个、115个和95个基点，以国债收益率为代表的利率风险上升。二是1年期与10年期国债到期收益率利差为33个基点，较年初下降了35个基点，国债收益率曲线呈现扁平化趋势。三是公司信用类债券收益率上行，银行间1年期、5年期AA级中期票据到期收益率分别为7.06%和7.45%，分别较年初上升了213个和155个基点；1年期、5年期AA级中期票据到期收益率与同期限国债到期收益率利差分别为284个和299个基点，分别较年初上升了86个和37个基点，信用风险上升。

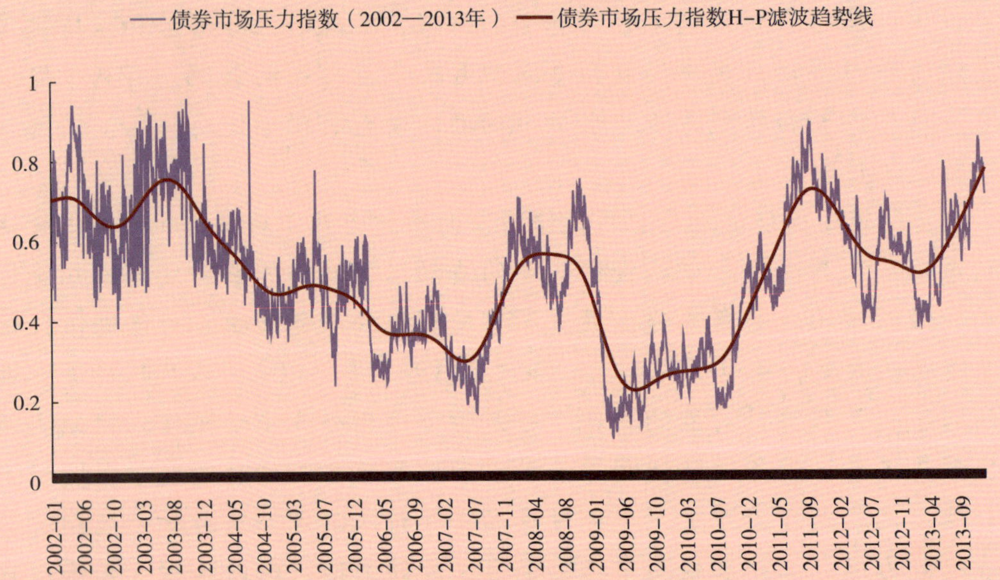

数据来源：根据万得数据库有关数据计算。

图6-9 2002—2013年债券市场压力指数

大盘蓝筹股票市场总体运行稳健，创业板股票市场压力上升至较高位。股票大盘蓝筹市场和中小盘、创业板市场分化明显。截至2013年末，全部AB股、沪深300、中小板和创业板滚动市盈率分别为13.99倍、9.55倍、36.73倍和60.3倍，同比分别下降8.32%、19.48%和上升29.79%、74.03%；全部AB股、沪深300、中小板和创业板市净率分别为1.84倍、1.48倍、3.35倍和4.55倍，同比分别下降8.91%、20%和上升13.45%、47.25%。分市场看，上证综指市场估值位于历史较低水平，波动水平有所上升，市场压力指数在年中短暂上升后呈下降趋势，与上年基本持平，处于较为温和的水平，总体运行稳健；创业板市场估值风险快速上升，波动水平有所上升，市场压力指数快速上升至较高水平。

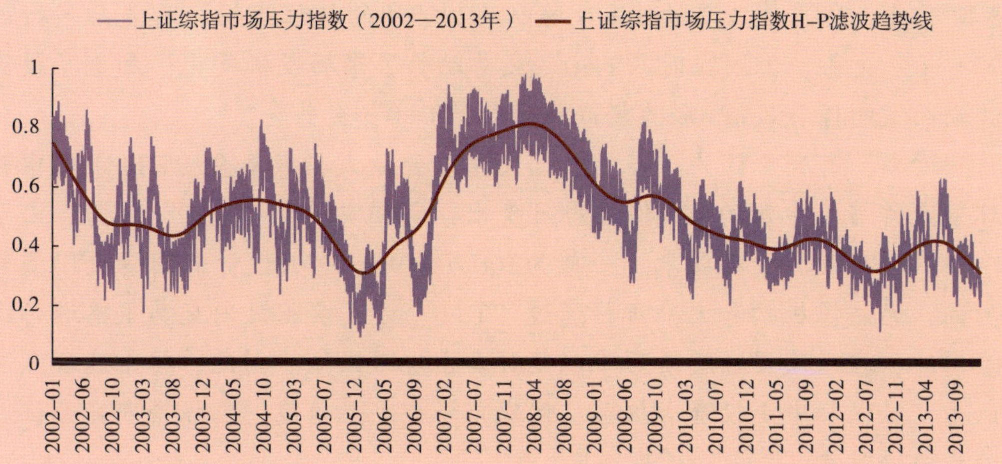

数据来源：根据万得数据库有关数据计算。

图6-10　2002—2013年上证综指市场压力指数

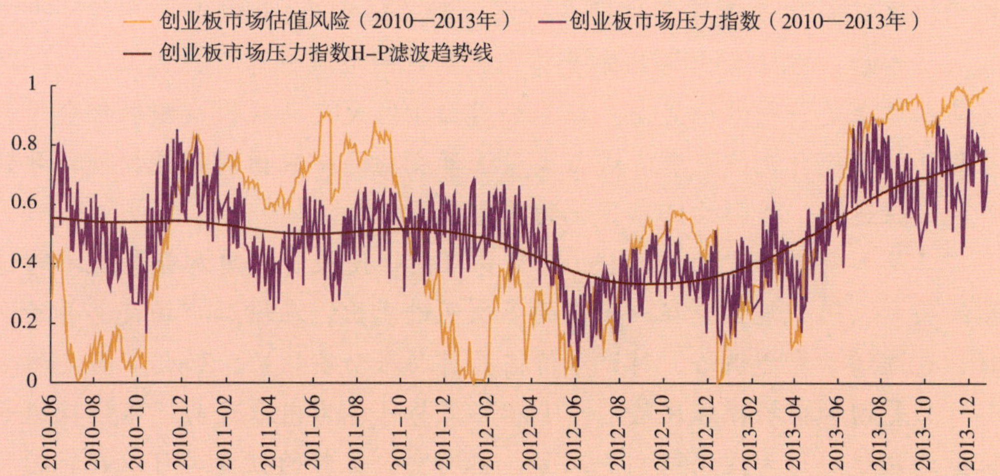

数据来源：根据万得数据库有关数据计算。

图6-11　2010—2013年创业板市场估值风险和市场压力指数

专栏14　审慎对待股票“T+0”交易

我国投资者习惯上称的“T+0”交易，主要指当日买进的股票可于当日卖出的交易行为。我国股票市场发展历史上，1992—1995年的上海

A股市场、2001年之前的B股市场以及2005年的权证市场，都先后实行过“T+0”交易。但因当时“T+0”交易助长了市场投机气氛，加剧了股价波动而被叫停。目前A股市场尚未实行“T+0”交易。

近期，有观点认为，当前我国交易型开放式指数基金（ETF）在申购环节允许当日申购的ETF份额当日卖出，变相实现了“T+0”交易。由于ETF申购有最低份额要求（一般为100万份），中小投资者因资金门槛等原因，无法像机构和大户那样通过“T+0”方式实施日内交易策略进行风险对冲，在跟风买进股票后难以及时卖出规避风险。因此，持上述观点者认为，从保护中小投资者权益、体现市场公平性角度，需抓紧研究论证并稳步推进股票“T+0”交易制度。

表面上看，“T+0”交易的确可以使投资者根据行情变化及时调整投资行为，锁定交易利润或避免损失扩大；也可以活跃市场，增加证券公司佣金收入；但“T+0”交易的潜在风险也不容忽视。

一是诱发结算风险。由于当日可进行证券的多次买进卖出，证券交易频率较高，而证券清算交收存在一定时滞（通常为1天以上），投资者在买入证券后，当日卖出的只能是“尚未到账的应收证券”，因此“T+0”交易本质上是一种信用交易。证券公司出于做大交易规模，赚取佣金等利益驱动，可能会允许投资者进行大量透资交易。一旦出现风险失控，导致资金交收违约，将影响证券登记结算体系的安全。

二是加剧市场波动。“T+0”交易可能诱使投资者更加频繁地参与证券的买卖，同一笔资金在一天内的多次买进卖出，在增加市场交易量的同时，也虚增了资金供给，对证券价格具有助涨助跌效果，加剧市场波动。

三是增加市场操纵风险。“T+0”交易可能为内幕交易、市场操纵等证券违法违规行为提供便利。比如，占有资金优势的投资者可以在拉抬股价后立即卖出股票，操纵市场的“庄家”可以“以小博大”，买入数倍于自身资金实力的股票，或者通过合谋进行频繁的相互买卖制造虚假的交易，引诱散户跟风操作，这些行为都增加了市场监管的难度，对证券监管能力提出了更高的要求。

从国际经验看，鉴于“T+0”交易的潜在风险，实行“T+0”交易需在投资者成熟度、证券监管水平等方面满足一定前提条件，否则极易出现风险。个别新兴市场在实施“T+0”交易过程中也曾出现过类似A股的情况。如我国台湾市场1985年前曾允许“T+0”交易，但因风险过大，于

1985年7月禁止，直到1994年后，各方面条件和环境成熟后才逐步放开。美国这样的成熟市场虽允许投资者进行“T+0”交易，但在制度层面上也设置了较高的参与门槛，避免风险承担能力不足的投资者参与此类信用交易，并防止投资者因过于频繁的交易导致较大损失而给证券公司乃至结算体系造成风险。同时，针对日内交易次数过于频繁，可能影响市场，损害其他投资者利益的行为，在日常监管和事后处罚方面还有多种配套手段和措施。

经过多年的发展，我国股票市场取得了长足的发展，但总体上仍处于“新兴加转轨”阶段。因此，当前A股市场是否实施“T+0”交易需全面研究，审慎对待。

人民币对美元汇率小幅升值，汇率市场压力处于温和水平。截至2013年末，美元对人民币汇率在岸价报1美元兑6.0543元人民币，香港市场报1美元兑6.0568元人民币，分别较上年同期下降176个和167个基点，人民币全年升值2.82%（在岸市场）和2.69%（香港市场）；在岸市场和香港市场1年期美元兑人民币远期升水分别为450个和470个基点，分别较上年同期下降885个和930个基点，人民币升值预期有所减弱。

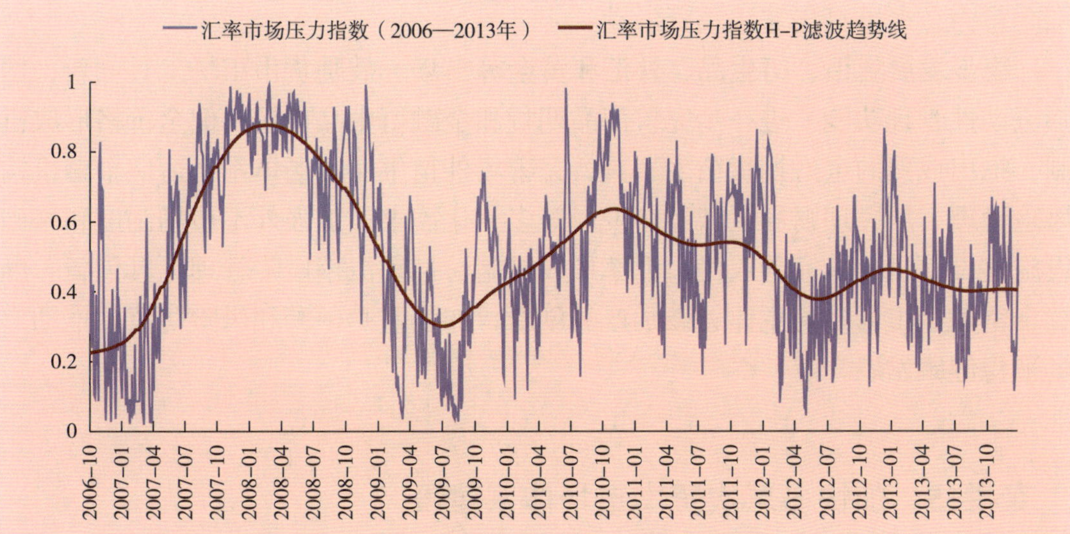

数据来源：根据万得数据库有关数据计算。

图6-12　2006—2013年汇率市场压力指数

五、展望

按照党的十八届三中全会精神，要进一步建设统一开放、竞争有序的市场体系，使市场在资源配置中起决定性作用。健全多层次资本市场体系，加大直接融资支持力度，鼓励金融创新，丰富金融市场层次和产品。

发展并规范债券市场。继续促进银行间债券市场规范发展，扩大债券发行规模，进一步完善债券发行定价机制，推进债券产品创新和多元化，提高债券市场信息披露标准，强化市场约束和风险分担机制，进一步提高市场透明度，稳步推进债券市场对外开放，做好公司信用类债券部际协调机制相关工作，促进监管协调，不断巩固和加强市场基础设施建设。

继续完善股票市场。继续壮大主板市场，丰富产品和层次，完善交易机制，降低交易成本。适当降低创业板财务标准的准入门槛，建立再融资机制，允许尚未盈利但符合一定条件的互联网和科技创新企业在创业板发行上市。加快建设全国中小企业股份转让系统，拓宽民间投资渠道，缓解中小微企业融资难问题。将符合条件的区域性股权转让市场纳入多层次资本市场体系。发展券商柜台市场，逐步建立券商间联网或联盟，开展多种柜台交易和业务。同时，建立健全不同层次市场间的转板机制，改革完善并严格执行退市制度。

规范私募市场发展。鼓励发展私募股权投资基金和风险投资基金，为不同发展阶段的创新创业型中小企业提供股权融资，支持创新，促进并购，增加就业。实行适度监管、行业自律，建立健全投资者适当性制度，规范募集和宣传推介行为，严厉打击非法集资活动。

稳步发展货币、衍生品、外汇和黄金等市场。鼓励货币市场工具创新，增强流动性管理功能。进一步完善商品期货和金融衍生品市场，健全价格形成机制，推出成熟的金融期货衍生工具，完善场外衍生品市场体系，适应金融机构风险管理、居民理财和区域经济发展等多元化需求。加强外汇市场制度和基础设施建设，进一步完善人民币汇率形成机制，推动汇率风险管理工具创新。继续丰富黄金市场参与主体，鼓励产品创新，加强监测预警和风险防范，推动市场平稳健康发展。

专栏15 加快多层次资本市场体系建设

十八届三中全会明确提出，要“健全多层次资本市场体系，推进股票发行注册制改革，多渠道推动股权融资”。继续完善主板、中小企业板和创业板市场，加快推进全国性场外市场建设，多层次、多渠道促进股权融资，对于更好地服务实体经济发展，推动经济结构调整和产业转型升级有重要意义。

深刻理解多层次资本市场体系建设内涵。资本市场要服务实体经济。实体经济中不同类型和处于不同发展阶段的企业差异性大，企业和投资者的投融资需求较为多元，客观上需要资本市场在发行、交易、监管等制度安排上有所区别，形成差异化的制度安排。因此，建设多层次资本市场体系，要牢牢把握两个核心内涵：一是多层次资本市场体系本身不是静态的，而是一个发展的概念，核心是要服务实体经济；二是资本市场的多层次性，源于实体经济的多层次和多样化，资本市场的建设要以实体经济的需要为根本前提。

继续完善主板、中小企业板和创业板市场建设。十八届三中全会明确了股票发行注册制改革的方向，这是继续完善主板、中小企业板和创业板市场建设的重要举措。注册制改革要求股票发行监管应当以充分信息披露为核心，减少证券监管部门对发行人资质的实质性审核和价值判断，弱化行政审批，降低股票发行成本，提高融资效率。同时，应当进一步完善上市公司退市制度，通过优胜劣汰，提高上市公司质量。加大对虚假陈述、市场操纵和内幕交易等证券违法违规行为的打击力度，强化上市公司、中介机构等市场参与主体的市场约束和诚信约束，促进市场参与各方归位尽责，切实保护投资者利益，维护证券市场“三公”原则。

进一步发展场外市场。场外市场包括全国性场外市场和区域性股权转让市场等。我国地域广阔、地区差异明显，中小企业数量众多，需求多样，客观上需要多层次的场外市场体系。在全国性场外市场以外，建立区域性股权转让市场，有利于调动中央和地方两个积极性，微观上释放基层的改革活力。2013年12月，国务院发布《关于全国中小企业股份转让系统有关问题的决定》，全国性场外市场建设取得突破性进展。下一步，在清理整顿各类交易场所基础上，将区域性股权转让市场纳入多层次资本市场体系，要发挥区域性股权转让市场在资本形成和股份流转中的积极作用，积极规范发展区域性股权转让市场，在统一规则的前提下，允许区域性股权转让市场根据当地实际进行差异化的制度安排，真正为不同规模、不同类型、不同成长阶段的企业提供差异化服务。

第七章

金融基础设施

2013年，我国金融基础设施建设继续推进，支付系统建设取得重大进展，金融法律法规逐步健全，会计准则和标准进一步完善，征信和社会信用体系建设成效显著，洗钱防控体系有效性稳步提升，金融服务和管理水平全面提高，有力地促进了金融体系的稳健运行。

一、支付、清算和结算体系

（一）体系建设不断完善

制度建设取得新进展。一是发布《银行卡收单业务管理办法》，构建银行卡收单业务监管的基础制度；二是发布《支付机构客户备付金存管办法》，全面规范客户备付金的存放、归集、使用、划转等存管活动；三是发布《票据印制管理办法》，针对票据凭证改版、制版、订货、发运、票据鉴别服务和监督管理责任等环节作出明确规定；四是改革现行人民币银行账户管理制度，起草《人民币银行账户管理条例》及实施细则。此外，研究银行卡清算市场准入制度设计，推动银行卡清算机构审批行政许可相关工作。执行中美电子支付世贸组织争端案裁决，废除或修改了涉案措施。

基础设施稳定运行。2013年，支付系统、证券结算系统、中央对手和交易数据库等金融市场基础设施功能不断完善，业务处理规模持续扩大，运行管理水平进一步提高。一是第二代支付系统上线切换和中央银行会计数据核算集中系统（ACS）的试点运行工作顺利完成。二是全国各类支付系统安全稳定运行，业务量保持快速增长态势。各类支付系统共处理支付业务235.80亿笔，金额2 939.57万亿元，同比分别增长23.38%和17.19%。三是中国银联、城市商业银行资金清算中心和农信银资金清算中心等清算机构的业务品种和业务规模不断扩大，中国银联银行卡跨行交易清算系统共成功处理交易①151.2亿笔和32.3万亿元，较上年分别增长21.3%和48.4%；农信银支付清算系统支付结算业务1.21亿笔，金额2.46万亿元，同比增长40.23%和22.55%。四是中央国债登记结算有限责任公司、上海清算所和中国证券登记结算公司的综合业务系统整体运行平稳，债券登记、托管和结算业务继续保持增长。全年债券托管总量达到29.48万亿元，同比增长13.39%，继续平稳增长。全年办理债券现券和回购交

① 包括通过ATM、POS终端、移动POS终端等传统渠道和通过电话、互联网等新兴渠道进行的银行卡存款、取现、消费、转账和查询等交易。

易结算270.82万亿元，同比增长1.15%，比2012年增速下降31.52%，交易活跃度有所降低。五是上海清算所中央对手清算业务不断扩展。其中，现券净额清算会员已达56家、外汇竞价清算会员249家、外汇询价交易清算会员26家。人民币利率互换业务集中清算准备工作顺利完成。六是银行间市场交易信息集中管理职能进一步加强，外汇交易中心运行管理的银行间市场数据仓库系统的数据代表性日益凸显，本外币市场的信息覆盖面趋于完备。

专栏16　第二代支付系统成功上线运行

为满足银行机构、金融市场、广大企事业单位和人民群众日益增长的、多样化的跨行支付需求，适应商业银行经营管理方式调整的需要，遵循信息化系统运行生命周期的客观规律，2009年以来，立足现有支付系统的各项功能，引入先进的支付清算管理理念和技术，进一步丰富系统功能，提高清算效率，拓宽服务范围，加强运行监控，完善灾备系统，稳步开展第二代支付系统的组织建设。经人民银行、各银行业金融机构及各有关单位精心组织、协同奋战，2013年10月第二代支付系统成功上线运行。

第二代支付系统在设计上充分考虑了我国支付体系发展的实际情况，并借鉴国际先进经验，主要有以下改进：

第一，支持商业银行以法人为单位一点集中接入。商业银行总行及其分支机构的支付业务可以集中通过一个账户完成处理。与第一代支付系统运行环境下，各家银行需要以各省分行为单位开立账户并接入系统相比，有利于提高业务处理效率，也有利于节约商业银行的流动性，提高资金使用效率。各家银行总行的资金管理部门可以方便地监测全行的流动性使用情况，更加灵活地调度资金。

第二，提供了更加丰富的流动性管理功能。流动性风险是支付系统面临的主要风险，一家机构不能及时支付可能连锁影响其他机构的正常支付。第二代支付系统新增了大额支付系统排队业务撮合、“资金池”管理、“一揽子”流动性实时查询等功能，能够促进系统提高清算效率。

第三，支持在线支付业务的跨行处理。客户通过开户银行的网上银行或自助服务终端发起跨行支付业务后，一般在10秒钟之内就可以了解资金到账情况，有助于改进客户网上支付体验，促进电子商务发展。

第四，系统运行维护更加高效。第二代支付系统的风险预警能力和运行监控效率都有很大提高，系统运行更加安全、稳定。

第五，系统备份功能更加健全。第二代支付系统以生产中心、远程备份中心和同城数据备份中心为架构，具有健全的生产恢复能力，确保突发事件发生时支付业务的连续处理及信息数据的安全完整。

第六，采用国际通用的报文标准。第二代支付系统的报文标准采用国际通用的ISO 20022报文规范，有利于各系统之间的互联互通，如计划通过第二代支付系统与有关外币清算系统对接，实现本外币交易的同步收付（PVP）结算，提高本外币交易的结算效率，防范结算风险。

非现金支付工具蓬勃发展。随着信息技术在零售支付领域的广泛应用，零售支付的创新日新月异，支付和结算效率提高，成本降低，极大地便利了社会公众的生活。2013年，非现金支付业务量呈现持续增长态势。全国累计办理非现金支付业务501.58亿笔，金额1 607.56万亿元，同比分别增长 21.92%和24.97%。境内流通中现金M_0与GDP的比值从2006年的12.8%持续下降至2013年的10.3%。截至年末，全国累计发行银行卡42.14亿张，同比增长19.23%，其中金融IC卡5.93亿张。全年银行卡渗透率达到47.45%。信用卡期末应偿信贷总额1.84万亿元，同比增长61.80%。网上支付、电话支付和移动支付等电子支付业务快速发展。其中，网上支付达236.74亿笔，金额1 060.78万亿元，同比分别增长23.06%和28.89%。农村地区手机支付试点范围和规模不断扩大，部分省市开展代理服务点手机取现业务。

监督管理工作进一步加强。一是完善支付体系监督管理制度。发布《支付结算执法检查规定》、《农信银资金清算中心监督管理办法》，编制《银行业金融机构支付结算现场检查手册》，明确监督管理职责和程序。二是加强对支付机构的监督管理。截至2013年末，获得许可的支付机构累计达到250家。通过建立重大事项报告、年度监管报告等非现场监管工作机制和现场检查监督工作，强化了支付机构的风险防控和合规意识。三是在全国范围内统一组织开展银行卡收单业务和预算单位银行账户执法检查工作，完善银行卡收单业务、支付机构客户备付金存管等管理制度。四是完成存量个人人民币银行账户真实性核实工作，有力推动个人银行账户实名制的贯彻落实。

实施《金融市场基础设施原则》。2012年4月，国际清算银行支付结算体系委员会（CPSS）与国际证监会组织（IOSCO）发布《金融市场基础设施原则》（以下简称《原则》），全面加强金融市场基础设施的风险管理和监管要求。

2013年，CPSS和IOSCO就《原则》实施情况开展首次“一级评估”①，并计划于2014年再次开展一级评估，确认各成员是否完全符合一级评估的要求。我国作为其成员，已承诺实施《原则》。2013年5月和8月，中国人民银行和证监会分别发布了《关于实施〈金融市场基础设施原则〉有关事项的通知》，明确了我国的实施计划。2013年12月，人民银行和证监会联合发布《关于开展金融市场基础设施评估工作的通知》，统一部署国内金融市场基础设施自评估和外部评估工作。

农村地区支付环境显著改善。近年来，各地改善农村支付服务环境，实现惠农补贴直接入户，扩大网络覆盖面，推出助农特色银行卡服务，推动便农零售，促进了城乡金融服务协调发展和支付服务的包容性增长。截至2013年末，农民工银行卡特色服务取款交易笔数超过1 400万笔、金额210亿元。同时，鼓励并支持农村地区金融机构结合自身实际和业务需要通过支付系统办理各类业务。截至2013年末，超过8万个农村金融机构网点接入人民银行支付清算系统，近8万个农村金融机构网点接入农信银支付清算系统，有效畅通了农村地区资金汇划渠道。

深化支付体系境内外交流与合作。通过CPSS、东亚及太平洋地区央行行长会议组织支付结算体委员会（EMEAP-WGPSS）、东南亚中央银行组织（SEACEN）、东盟10+3等国际组织的交流平台，提高对支付结算有关国际事务的参与度，继续加强与各成员单位在支付、清算、结算领域的交流和合作，增强区域内支付结算发展的话语权。深化央行间合作机制，发布《中国支付体系发展报告》，加强对外宣传交流。

（二）发展展望

下一步，继续按照《关于中国支付体系发展的指导意见（2011—2015）》，统筹协调支付、清算、结算体系发展，不断提升金融市场基础设施和零售支付服务市场的安全和效率。一是维护支付系统整体安全稳定运行。二是继续推广和规范非现金支付工具使用，逐步把关注重点从交易方式和介质转向风险控制和非现金支付工具的清算、结算处理，避免抑制市场主体的创新活力。三是强化支付服务市场监督管理。四是加快实施《原则》，加强对金融市场基础设施的风险管理。五是继续按照党的十八大有关“强农惠农富农”和“推动城乡发展一体化”的方针部署，逐步构建多层次、低成本、可持续的农

① 评估分为三级：一级评估主要监测各成员为实施《原则》，是否建立了相应的监管框架；二级评估主要针对监管框架是否完善，是否与相关原则保持一致；三级评估主要考察监管部门和金融市场基础设施是否满足《原则》的要求。

村支付服务体系，为城乡金融服务一体化发展奠定基础。六是继续深化支付体系境内外交流与合作。

专栏17　比特币

比特币（Bitcoin）自2009年诞生以来，发展迅速。2013年初，比特币价格仅为13美元，4月初突破100美元关口，12月最高价超过1 000美元。比特币的迅速发展引发了人们对虚拟货币是否真正意义上的货币的思考。有人认为比特币的出现是对现行货币体系的巨大挑战，甚至有人称其是"未来的黄金"。

从属性看，比特币不是真正意义上的货币。第一，比特币没有国家信用支撑，没有法偿性和强制性，因此比特币的流通范围是有限的、也是不稳定的，难以真正发挥流通支付手段的作用。第二，比特币规模存在上限，难以适应经济发展的需要，若比特币成为货币，会导致通货紧缩，抑制经济发展。第三，比特币缺乏中央调节机制，容易被过度炒作，导致价格剧烈波动，无法成为计价货币和流通手段，目前接受比特币支付的商品，其标价货币大多仍是该国的本位货币。第四，比特币具有很强的可替代性，很难固定地充当一般等价物。任何有自己的开采算法、遵循P2P协议、限量、无中心管制的数字"货币"都有可能取代比特币。目前，比特币更多的是作为投机工具，而非实体经济中的支付工具，持有比特币的人更愿意把它收藏起来而不是用于购买其他商品。

社会公众对比特币还缺乏足够了解，一些个人出于跟风或者投机的心理持有、使用和交易比特币，可能带来以下风险。一是比特币的网络交易平台、过程和规则等都缺乏监管和法律保障，容易产生价格操控和虚假交易等行为，其账户资金安全和清算结算环节也存在风险。二是比特币价格缺少合理的支撑，其涨跌主要取决于参与者的信心和预期，甚至主要依赖于比特币未来将成为"世界货币"这一假想，容易沦为投机炒作的工具，一旦市场或政策出现风吹草动，就有可能泡沫破裂。三是比特币交易具有较高的隐蔽性、匿名性和不受地域限制的特点，其资金流向难以监测，为毒品、枪支交易和洗钱等违法犯罪活动提供了便利。

2013年12月，中国人民银行等五部委发布《关于防范比特币风险的通知》，要求各金融机构和支付机构不得开展与比特币相关的业务；提供比特币登记、交易等服务的网站应当在电信管理机构备案，并切实履行反洗钱义务，对用户身份进行识别、报告可疑交易；相关部门和金融机构、支付机构要加强对社会公众货币知识的教育，引导社会公众树立正确的货币观念和投资理念。

二、法律环境

（一）金融法律法规不断健全

2013年，我国加快推进行政审批制度改革和政府职能转变，制定和修改相关法律法规，取消和下放了一批行政审批权，进一步激发市场主体创造活力，增强经济发展内生动力。

修订法律法规，健全法律体系。全国人大常委会修改《中华人民共和国证券法》，放宽了对证券公司调整注册资本和变更公司形式的限制；修改《中华人民共和国公司法》，将注册资本实缴登记制改为认缴登记制，放宽注册资本登记条件，简化登记事项和登记文件。国务院修改《中华人民共和国外资保险公司管理条例》，允许外国保险公司以人民币形式出资设立合资保险公司、独资保险公司；修订通过《国际收支统计申报办法》，对统计范围、申报主体、申报要求等内容作出修改。修改《期货交易管理条例》，取消了对境内单位或者个人从事境外商品期货交易的品种进行核准的规定。

发布司法解释，完善金融司法。最高人民法院发布《关于适用〈中华人民共和国保险法〉若干问题的解释（二）》，规范了保险公司的承保行为，细化了投保人和保险人的告知和说明义务，规范了保险合同内容的认定，明确了理赔核定期间起算点。发布《关于审理出口信用保险合同纠纷案件适用相关法律问题的批复》，对出口信用保险合同的法律适用问题作出规定。发布了《关于网络查询、冻结被执行人存款的规定》，对人民法院办理执行案件过程中通过网络查询、冻结被执行人存款及其他财产的行为作出了规定。

制定规章规范性文件，维护市场秩序。人民银行发布规范性文件，细化征信机构的监督管理，明确人民币合格境外投资者的账户开立以及进入银行间债券市场的相关事项，进一步完善银行间债券市场交易结算管理，明确银行间市场发行同业存单及相关的交易、登记、托管、结算等问题，规范支付机构客户备付金管理和银行卡收单业务。监管部门发布规章和规范性文件，规范了商业银行行政许可事项、消费金融公司试点、银行业消费者权益保护等，明确了证券发行与承销、证券公司客户资产管理业务、证券投资基金销售和托管、合格境外机构投资者境内证券投资试点、中小企业股份转让系统等，强化了保险消费投诉处理、保险经纪机构监管、保险经纪和销售从业人员监管等。

（二）立法展望

2014年，积极研究推动《中国人民银行法》的修订。现行《中国人民银行法》于1995年发布实施，并于2003年进行了修订。近年来，我国经济金融发展日新月异，金融体制改革创新持续推进，金融业对外开放不断深化，对调整和完善人民银行职责提出了迫切要求。国际金融危机后，国际社会对强化中央银行的宏观审慎管理和金融稳定职能形成了基本共识，美国、英国等主要发达经济体进行了全方位的金融监管体制改革，这为我国完善金融管理体系提供了有益借鉴。在这一背景下，有必要对现行《中国人民银行法》进行修改，从深化金融体制改革、促进金融业发展的战略高度，充分体现市场化导向，尊重市场机制，鼓励金融创新，在完善监管体制的同时加强金融服务，实现法律和行政手段对市场发展的正向激励作用，为较长一段时期内人民银行的履职和金融业发展提供坚实的法律保障。修改内容应着重强化人民银行宏观调控和宏观审慎管理职责，细化维护金融稳定的手段和工具，完善金融市场管理、金融统计、人民币管理等规定。

为适应我国金融业改革发展的需要，将尽快研究推动《证券法》、《保险法》的修订及“期货法”的起草工作，推动《现金管理暂行条例》、《外资银行管理条例》、《机动车交通事故责任强制保险条例》的修订，积极研究制定“存款保险条例”、“非存款类放贷组织条例”、“人民币银行账户管理条例”、“商业银行破产风险处置实施条例”、“融资担保公司管理条例”、“私募投资基金管理暂行条例”、“上市公司监督管理条例”等。

三、会计标准

（一）会计标准建设取得进展

2013年，会计标准持续完善。一是会计财务制度的制定和修订工作取得多领域进展。发布《企业产品成本核算制度（试行）》和《企业会计信息化工作规范》，整合了原分布在各项会计准则中关于产品成本要素的内容，进一步规范企业会计信息化。修订多类事业单位的财务制度，以适应改革和发展的实际情况。发布新《行政单位会计制度》，使会计核算兼顾行政单位预算管理需求和财务管理需求。二是进一步改进信息披露。修订了上市公司半年报和季报的信息披露规定，增强报告披露的针对性和有效性，合理降低信息披露成本。统一并改进了证券公司年度报告的信息披露内容和格式。三是修订《企业会计准则通用分类标准编报规则》，适应石油和天然气行业、银行业扩展分类标准的实施要求。

（二）发展展望

继续推进我国企业会计准则与国际财务报告准则的持续趋同，发布并实施公允价值计量等会计准则，研究适应金融工具创新和资本市场发展的会计准则补充规定，进一步健全完善金融领域企业会计准则体系。积极推动、落实行政单位会计制度、中小学校会计制度以及科学事业单位会计制度等一系列会计制度，做好《会计信息化工作规范》的宣传工作。进一步扩大企业会计准则通用分类标准的实施范围。积极参与国际准则的制定与修订，发挥我国在新建立的会计准则咨询论坛等国际组织的影响力，大力开展会计工作的对外交流与合作。

四、信用环境

（一）征信和社会信用体系建设成效显著

征信立法和制度建设迈上新台阶。2013年3月15日，《征信业管理条例》正式实施，征信业发展步入了法制化轨道。人民银行制定《征信机构管理办法》，规范征信机构设立、退出及日常监管，于2013年12月20日起实施。

专栏18　颁布实施《征信机构管理办法》

为贯彻落实党的十八届三中全会关于“建立健全社会征信体系”的要求，配合《征信业管理条例》实施，2013年11月15日，中国人民银行发布《征信机构管理办法》（以下简称《办法》）。

《办法》是《征信业管理条例》的重要配套制度，遵循了个人征信机构从严、企业征信机构从宽、征信机构市场化运作与监督管理并重、征信机构的行政监管和社会监督兼顾的监管思路。《办法》规范了征信机构设立、变更和终止，强化征信机构公司治理和风险防控。《办法》将和《征信业管理条例》等法律法规共同构成征信机构管理的制度框架，在促进征信机构规范运行、保护信息主体合法权益等方面发挥重要作用。

为了充分保护个人信息主体的合法权益，《办法》完善了个人征信机构设立时所应具备的条件，明确要求设立个人征信机构应具有健全的组织机构、完善的业务操作、安全管理、合规性管理等内控制度，且信用信息系统应当符合国家信息安全保护等级二级或二级以上标准。同时，《办法》完善了个人征信机构市场退出程序，着重解决了数据库处理流程和征信机构退出流程的衔接问题。

在监管措施方面，《办法》在明确征信机构报告要求的基础上，建立了重点监管制度。规定在征信机构出现严重违法违规行为、可能发生信息泄露、出现财务状况异常或严重亏损以及被大量投诉等情形时，人民银行可以将其列为重点监管对象，酌情缩短业务开展情况报告周期、信息系统安全测评周期，并采取相应的监管措施。此外，《办法》还细化了对个人征信机构高级管理人员的任职管理要求。

人民银行将依照《征信业管理条例》和《办法》规定，有效履行对征信机构的监督管理职责，督促各类征信机构严格规范自身经营行为，切实保护信息主体合法权益，实现我国征信业的快速、健康发展。

征信市场稳步发展。金融信用信息基础数据库平稳运行，接入机构不断扩充，收录信息数量快速增长，数据质量稳步提升，数据查询量大幅提升，截至2013年末，金融信用信息基础数据库共收录近8.4亿自然人和近1 920万户企业及其他组织的信用信息，全年分别累计查询3.4亿次和1亿次。多元化的征信市场格局初步形成，征信服务产品日益丰富，征信机构快速发展，据不完全调查，目前我国有各类征信机构150多家，征信行业收入为20多亿元；征信服务产品涵盖企业信用报告、个人信用报告、信用调查报告、债券主体评级报告、债券债项评级报告、借款企业评级报告、担保机构评级报告和持续跟踪评级报告等。

征信管理规范推进。发布《中国人民银行关于推进信贷市场评级管理方式改革的通知》，将信贷市场评级管理方式由偏重事前管理转变为着重进行事中、事后监测和信息披露。推动小额贷款公司和融资性担保公司接入金融信用信息基础数据库和信用评级试点，目前已批准接入816家各类小型机构。征信管理系统一期上线试运行，实现了对评级和征信的信息化管理。组织开展了商业银行、金融信用信息基础数据库运行机构落实《征信业管理条例》情况的全面自查与专项检查。对社会征信机构的管理逐步展开，开展了征信机构及征信业务的调研和监测分析，指导社会征信机构按照《征信业管理条例》完善各项业务操作流程。发布了《中国征信业发展报告（2003—2013）》，全面总结十年来征信工作历程和成就，明确了未来五年征信工作发展思路。

社会信用体系建设稳步开展。编制《社会信用体系建设规划纲要（2014—2020年）》，发布《关于在行政管理事项中使用信用记录和信用报告的若干意见》，推动信用记录的建设与应用，培育、发展征信市场。小微企业和农村信用体系建设稳步推进，印发《中小企业和农村信用体系建设基本数据项指引》，规范小微企业、农户等经济主体的信用档案建设；组织开展小微企业和农村信用体系试验区建设情况调研，促进小微企业和农村信用体系建设。截至2013年末，全国共为243万户小微企业和1.51亿农户建立了信用档案，累计已有35万户小微企业和8 746万农户获得信贷支持。

信用宣传与培训不断深入。组织人民银行各级分支机构、金融机构、征信机构在全国范围内开展“6·14信用记录关爱日”、“征信专题宣传月”等例行的征信专项宣传活动，以及以“全面落实《征信业管理条例》，促进征信业规范健康发展”为主题的专题宣传活动。公众的信用意识和征信维权意识显著提高，2013年全年，个人主动查询自己的信用报告达816万人次。

（二）发展展望

下一步，继续加强征信制度建设，研究制定《金融信用信息基础数据库管理办法》，推动《金融信用信息基础数据库用户管理规范》和《征信机构信息安全管理规范》两项标准颁布实施。加强对征信机构的分类管理，提升和完善金融信用信息基础数据库服务水平，强化对金融机构征信工作的监管，推动征信市场健康发展。继续推进信贷市场信用评级管理方式改革，完善评级机构的备案制度和管理机制，强化评级过程监测，加强信息披露，并在全国推广小额贷款公司和融资性担保公司信用评级。贯彻落实《社会信用体系建设规划纲要（2014—2020年）》，推进各部门信用信息系统建设，通过数据交换和系统链接等方式，实现信用信息的共享与应用。以试验区为重点，大力推进小微企业和农村信用体系建设。加强征信宣传和教育，普及征信知识。

五、反洗钱

（一）洗钱防控体系有效性稳步提升

2013年2月，金融行动特别工作组（FATF）发布了《FATF建议反洗钱/反恐怖融资合规性及有效性评估方法》，将反洗钱和反恐怖融资体系的有效性列为首要政策目标，并制定了11个直接目标进行衡量。人民银行围绕提升有效性这一核心目标，深入贯彻“风险为本”的方法，逐步完善国内洗钱防控体系。

完善反洗钱和反恐怖融资制度。在反洗钱部际联席会议机制框架下，基本完成了《涉及恐怖活动资产冻结管理办法》，参与研究制定恐怖活动组织及恐怖活动人员名单制定办法，发布了《金融机构洗钱和恐怖融资风险评估及客户分类管理指引》。

改进大额和可疑交易报告质量。指导工商银行等37家金融机构全面完成了自定指标、自建系统、自主分析、自立制度等试点任务，验证了在我国采取以合理怀疑为基础的可疑交易报告模式的可行性，并影响和带动了一大批金融机构参照试点方式自主研发异常交易监测指标，全方位提升了金融机构反洗钱工作的自主性和有效性。

建立洗钱风险预警制度。在人民银行分支行和18家全国性银行机构开展洗钱类型分析工作，定期上报洗钱类型分析报告，并及时将洗钱类型分析成果向金融机构、有关部委进行通报。针对高发的新型网络诈骗洗钱、非法银行卡买卖等违法犯罪活动，及时发布了3期《洗钱风险提示》。

深化反洗钱国际合作。我国作为亚太反洗钱组织联合主席，7月在上海成功主办了亚太反洗钱组织第十六次全会。同时，利用各个多边合作机制，积极介入国际反洗钱规则制定和国际反洗钱组织内部治理工作。参与《联合国反腐败公约》履约审议工作，加强反洗钱国际标准国内化的基础研究。

（二）发展展望

下一步，人民银行将会同有关部门建立国家洗钱风险评估机制，在反洗钱部际联席会议框架下成立国家洗钱风险评估工作小组。完成金融机构大额与可疑交易报告管理办法的修订工作，尽快出台特定非金融机构反洗钱规定。重点加强反恐怖融资和跨境洗钱、网络犯罪洗钱的监测调查。启动中国接受下一轮国际反洗钱互评估的准备工作。

专栏19 FATF建议反洗钱/反恐怖融资有效性评估方法

2013年2月，FATF全会发布了《FATF建议反洗钱/反恐怖融资合规性及有效性评估方法》，首次将有效性列入评估对象，明确了衡量国家反洗钱和反恐怖融资体系有效性的11个标准。一是理解洗钱/恐怖融资风险，并在适当的情况下采取国内协调措施打击洗钱/恐怖融资和扩散融资；二是通过国际合作，传递有用信息、金融情报和证据，推动对犯罪及犯罪资产的打击行动；三是监管者对金融机构、特定非金融机构和职业在遵守与其风险相匹配的反洗钱、反恐怖融资相关要求方面采取适当的监督、监测和管理措施；四是金融机构、特定非金融机构和职业充分运用与其面临的风险相匹配的反洗钱/反恐怖融资预防措施，并上报可疑交易报告；五是防止滥用法人和法律安排进行洗钱/恐怖融资，确保主管部门无障碍地获取其受益所有权信息；六是主管部门适当运用金融情报和其他相关信息开展洗钱/恐怖融资调查；七是调查洗钱犯罪及活动，起诉犯罪分子，并采用有效的、适当的和劝诫性的处罚措施；八是没收犯罪收益和犯罪工具；九是调查恐怖融资犯罪及活动，起诉恐怖主义资助人，采用有效的、适当的和劝诫性的处罚措施；十是防止恐怖分子、恐怖组织及其资助人募集、转移和使用资金，并避免滥用非营利性组织；十一是在联合国安理会相关决议下，防止涉及大规模杀伤性武器扩散的个人和实体募集、转移和使用资金。

有效性标准将与合规性标准共同构成FATF下一轮全球互评估的支柱，风险为本的方法则是提高各国反洗钱和反恐怖融资体系有效性的基础方法。随着有效性标准的引入，各国需要建立一整套衡量反洗钱和反恐怖融资政策实施效果的统计指标体系，了解洗钱和恐怖融资风险的分布状况和发展趋势，掌握政策的作用途径，最终对现有反洗钱和反恐怖融资体系进行针对性的改进。

为符合有效性标准，我国已经制定了国家洗钱风险评估的提纲，进行可疑交易报告自主报告试点，制定涉恐融资资产冻结措施，逐步提升我国反洗钱和反恐怖融资体系的整体有效性。

第八章

宏观审慎管理

2013年，国际社会进一步加强宏观审慎政策的研究和制定，主要国家和地区继续完善宏观审慎管理框架。中国持续强化宏观审慎管理，建立健全金融监管协调机制，完善逆周期宏观调控措施，加强系统性风险监测评估和处置机制建设，有效维护金融体系的稳健运行。

一、国际组织加强宏观审慎管理的进展

（一）完善银行业的宏观审慎政策

推动执行巴塞尔协议Ⅲ。为促进各成员经济体及时、全面、一致地落实巴塞尔协议Ⅲ，巴塞尔银行监管委员会（BCBS）对成员经济体的实施情况进行全面评估。评估分为三个层次：第一层次评估成员经济体监管立法的进度。27个成员经济体中除印度尼西亚外，其余26个均已发布以巴塞尔协议Ⅲ为基础的资本监管新规。其中欧盟和美国的监管规则分别于2013年6月和7月发布，并于2014年1月开始实施。一些成员经济体已经开始引入流动性、杠杆率标准。第二层次评估成员经济体监管标准与巴塞尔协议的一致性。自2012年4月启动巴塞尔协议Ⅲ监管一致性评估项目（RCAP）以来，BCBS已对欧盟、日本、新加坡、瑞士、美国和中国6个成员国进行了评估。我国的评估结论为符合，评估报告已于2013年9月公布。第三层次评估成员经济体执行监管标准结果的一致性。BCBS对不同银行在银行账户和交易账户下风险加权资产的计量进行了研究。研究发现，不同银行对于风险加权资产的计量存在重大差异，BCBS计划研究制定可行的政策框架以提高可比性。

强化杠杆率监管。作为对风险资本要求的补充，BCBS引入了3%的杠杆率监管标准（监管资本/银行总风险敞口）。2013年6月，BCBS发布《修订后的杠杆率和披露要求（征求意见稿）》，重点对银行风险敞口的计量进行了完善，明确对会计并表和监管并表范围内以及范围外的投资、衍生品和抵押品以及证券融资交易风险敞口的计算方法，并要求银行必须公开披露其杠杆率信息，包括会计资产和杠杆率风险敞口的对比信息、主要杠杆率指标的分解分析等。

提高风险管理标准。2013年3月，BCBS发布《大额敞口计量与控制监管框架（征求意见稿）》，提高银行的风险集中度管理能力。将大额风险敞口的交易对手范围扩展至借款企业，包括银行、证券、基金和信托等金融机构在内的所有第三方交易对手以及集团内部交易对手，增加了对银行账户和交易账户的

场外衍生品、证券融资交易、基金、证券化产品和其他结构性金融产品的风险敞口限制，明确单一交易对手或一组关联对手方的风险敞口不得超过一级资本（或核心一级资本）的25%，确保银行在交易对手违约的情况下能够最大限度地控制损失。

（二）强化对系统重要性金融机构的监管

完善G-SIBs评估方法。BCBS近三年持续收集、分析、对比各国大型银行的数据，不断校正完善评估方法应用过程中出现的各种问题，在此基础上，2013年7月，发布了《全球系统重要性银行：评估方法及额外损失吸收能力要求（修订版）》，对全球系统重要性银行（G-SIBs）评估方法、披露要求、额外吸收损失能力要求等进行了修订和完善。**一是**确定G-SIBs样本银行的参评方法。明确总资产全球排名前75位的或曾被认定为G-SIBs的银行可被纳入样本，各国当局也可使用监管判断将其管辖范围内的银行添加至样本。**二是**修订G-SIBs评估指标。对可替代性指标设定上限（cap），即设定可替代性得分上限为500个基点，若得分超过500个基点，系统重要性程度虽然增加，但不改变总分；将关联性指标中的"批发性融资比率"指标更改为"发行证券和其他融资工具余额"（securities outstanding）。**三是**明确空组的设置。规定当银行的系统重要性提高至空组时，在此之上再设置的新空组与其他小组的分组标准相同，每上升一组将增加1%的额外损失吸收能力要求。

更新G-SIBs名单。2013年11月，FSB公布了基于修改后的评估方法和2012年数据测算的G-SIBs名单，29家银行入选（见表8-1），比2012年增加1家。其中，中国工商银行首次入选G-SIBs名单，与中国银行均列系统重要性程度最低的第1组，附加资本要求为1%。

表8-1　　全球系统重要性银行

组别（附加资本要求）	全球系统重要性银行
5（3.5%）	空
4（2.5%）	英国汇丰银行
	美国摩根大通集团
3（2.0%）	英国巴克莱银行
	法国巴黎银行
	美国花旗银行
	德意志银行

续表

组别（附加资本要求）	全球系统重要性银行
2（1.5%）	美国银行
	瑞士信贷
	美国高盛集团
	法国农业信贷银行
	三菱日联金融集团
	美国摩根士丹利集团
	苏格兰皇家银行
	瑞士联合银行
1（1.0%）	中国银行
	纽约梅隆银行
	西班牙对外银行
	法国大众储蓄银行集团
	中国工商银行
	荷兰商业银行
	日本瑞穗实业银行
	北欧联合银行
	西班牙桑坦德银行
	法国兴业银行
	渣打银行
	美国道富银行
	日本三井住友金融集团
	意大利联合银行
	美国富国银行

资料来源：FSB《2013年全球系统重要性银行名单更新》，2013年11月。

出台G-SIIs评估方法及政策措施。2013年7月，国际保险监督官协会（IAIS）正式发布全球系统重要性保险机构（G-SIIs）评估方法和政策措施，FSB基于2011年末数据，公布了首批9家G-SIIs，中国平安保险集团入选。G-SIIs需实施基础资本要求（Basic Capital Requirements，BCR）和系统性风险管理计划（SRMP）要求，成立危机管理小组（CMGs），制定恢复和处置计划。

制定非银行非保险G-SIFIs的识别方法。按照G20峰会要求，FSB正在会同国际证监会组织（IOSCO）制定识别非银行非保险（NBNI）G-SIFIs的评估方法，包括规模、关联性、可替代性、复杂性、全球活跃性五个方面。根据不同的商业模式和风险特点，NBNI机构被分为金融公司、市场中介、投资基金及其他类，并适用不同的评估指标。

专栏20　全球系统重要性保险机构评估方法及监管

2013年7月，IAIS正式发布G-SIIs评估方法和政策措施，FSB公布了首批9家G-SIIs名单：美国国际保险集团、美国大都会集团、美国保德信金融集团、德国安联保险、法国安盛保险、英国保诚集团、英国英杰华集团、意大利忠利保险和中国平安保险集团①。

评估方法。与G-SIBs的评估方法相似，G-SIIs评估方法以指标评估为主，指标的选择、分组和权重设置反映了保险机构的特殊性，包括规模、全球活跃性、关联性、非传统/非保险（NTNI）业务、可替代性五大类指标，由于保险机构的NTNI业务易引发系统性风险，这类指标被赋予较高权重（见表8-2）。IAIS认为仅依靠指标不足以确定G-SIIs候选者是否真正具有系统重要性，还需通过其他定量和定性判断进行辅助评估。辅助的定量评估采用保险金融稳定评估法（IFS），将保险业务分为传统保险业务、半传统业务、非传统业务、非保险金融业务、非保险非金融业务等，分别赋予2.5%或20%、12.5%或50%、22.5%或75%、100%、0%的权重。如果指标评估和IFS的结果差异较大，还需进行定性判断。

表8-2　G-SIIs评估指标

指标分类及权重	具体指标	权重
1. 规模（5%）	总资产	2.5%
	总收入	2.5%
2. 全球活跃性（5%）	母国之外的收入	2.5%
	有分支机构的国家数量	2.5%
3. 关联性（40%）	金融体系内资产	5.7%
	金融体系内负债	5.7%
	再保险	5.7%
	衍生品	5.7%
	大额暴露	5.7%
	金融市场上的活跃程度	5.7%
	3级资产	5.7%
4. 非传统保险业务/非保险业务（45%）	非保险负债和非保险收入	6.4%
	衍生品	6.4%
	短期融资	6.4%
	财务担保	6.4%
	变额年金产品的最低担保	6.4%
	集团内担保	6.4%
	负债流动性	6.4%
5. 可替代性（5%）	特定业务保费收入	5%

资料来源：IAIS《全球系统重要性保险机构初始评估方法》，2013年7月。

---

① 与G-SIBs不同，G-SIIs名单中的机构排名不分先后。

政策措施。一是强化监管。要求G-SIIs做好流动性风险应对，鼓励其降低系统重要性，监督G-SIIs建立和实施SRMP，包括将系统重要性NTNI业务从传统保险业务中分离（或禁止从事某些系统重要性业务）。**二是有效处置。**以FSB发布的《金融机构有效处置机制核心要素》（以下简称《核心要素》）为基础，IAIS提出了G-SIIs的有效处置措施，主要包括成立CMGs、制定恢复和处置计划（RRPs）、开展可处置性评估、签订跨境合作协议等。**三是强化资本要求。**IAIS将设计适用集团所有业务（包括非保险分支机构）的资本要求，在此基础上，提出针对集团内NTNI业务的额外资本要求（HLA），保险集团必须以最高质量的资本来满足HLA。在设定HLA时需区分NTNI业务是否能从传统保险业务中有效分离；如果能有效分离，目标HLA将只基于经营该业务的分离出来的实体，如果不能有效分离，HLA的设定将基于整个保险集团（包括母公司）内的NTNI业务，此时还应考虑保险集团的关联性。

（三）推动有效处置机制建设

推进G-SIFIs有效处置机制建设。按照FSB要求，全球系统重要性金融机构（G-SIFIs）的母国应会同东道国建立CMGs，制定恢复和处置计划并开展可处置性评估（RAP）。2013年，FSB的问卷调查显示，包括中国银行在内的所有G-SIBs都建立了CMGs，在制定处置策略和可操作性处置措施方面取得显著进展，但各国进度不一，赋予处置当局充分的权力和金融集团跨境处置的协调等方面工作仍需大力推进。多数CMGs倾向于从集团层面对金融机构实施“单点处置”（Single point of entry， SPE）。FSB要求G-SIIs于2014年7月前成立CMGs，并于2014年底前制定恢复和处置计划。

指导制定恢复和处置计划。为指导各国当局和金融机构落实《核心要素》关于制定恢复和处置计划的要求，2013年7月，经G20峰会批准，FSB公布了制定有效的处置策略、识别关键功能和共享服务、触发机制和压力情景三份指引文件。指引提出了两种处置策略，由一国统一从集团层面对金融机构总体实施“单点处置”，或是由多国分别对集团的不同子公司实施“多点处置”（Multiple point of entry， MPE），并对不同的策略提出了相应的前提条件和内容。指引认为，关键功能是指金融机构为第三方开展的活动，该活动一旦中断将影响实体经济和金融稳定，如支付结算、托管、存贷款、资金批发业务等；共享服务是指向其他机构提供的、影响其他机构发挥关键功能的活动，如为银行提供信息技术、用于管理的科技服务等。同时提出，金融机构处置的触发和压力情景应当包括但不依赖定量指标，既要体现金融体系和宏观经济的情况，也要适合机构的自身特点。

推动《核心要素》在非银行金融机构的实施。针对2012年处置机制专题评估中发现的非银行金融机构处置机制建设明显落后的情况，2013年，FSB致力于协助各国当局按照《核心要素》的要求，建立对金融市场基础设施（FMIs）、保险机构和持有客户资产的金融机构的处置机制。2013年8月，FSB公布了《核心要素》适用于非银行金融机构的指引文件。对于支付清算体系、中央证券存款机构、证券结算体系、中央交易对手等FMIs的处置，需重点维护FMIs在金融市场上所发挥的关键功能的连续性，并建立合理的损失分担机制；对于保险机构的处置需加强对保单持有人利益的保护；对于代表客户直接或间接持有资金、金融工具、抵押物和资产等客户资产的金融机构（包括交易商、资产管理人、券商、托管人等），需注重处置机制与客户资产保护规则的协调，确保客户资产能够快速有序的转移或返还至持有客户资产的金融机构。FSB会同支付结算体系委员会（CPSS）和IOSCO初步制定了金融市场基础设施恢复和处置指引。

修订《有效存款保险核心原则》。2009年6月，BCBS和国际存款保险协会（IADI）发布《有效存款保险核心原则》（以下简称《核心原则》），并于2010年12月发布有关评估方法。2013年2月，IADI着手对《核心原则》和评估方法进行修改，涉及存款保险资金的使用、处置中的融资安排、早期干预机制、机构自救工具、跨境处置、公众意识、防范道德风险等内容，旨在体现各国存款保险机构实施《核心原则》的经验以及FSB同行评估和FSAP评估经验，并满足《核心要素》的相关要求。IADI计划于2014年7月向FSB提交修改后的《核心原则》和评估方法。

（四）加强影子银行的监管

加强对影子银行的监测。2013年11月，FSB基于25个经济体2012年末的数据，发布了第三份全球影子银行监测报告。报告仍沿用2011年提出的“两步法”进行分析。第一步，广泛撒网，监测所有的非银行信用中介，确保收集的数据涵盖所有可能的风险领域。第二步，缩小范围，主要关注可能引发系统性风险或监管套利的非银行信用中介（见图8-1）。报告显示，2012年全球影子银行规模增长5万亿美元，达71万亿美元，相当于被监测国家GDP的117%，低于2007年高峰时期的125%，比上年提高6个百分点；其在全部金融中介的占比为24%，低于危机高峰时期2007年的27%，比上年提高0.7个百分点。发达经济体的影子银行仍是主要构成部分，美国、欧元区、英国和日本的影子银行规模占全部被统计影子银行的85.9%。新兴市场经济体影子银行增长较快，潜在风险需予以关注。

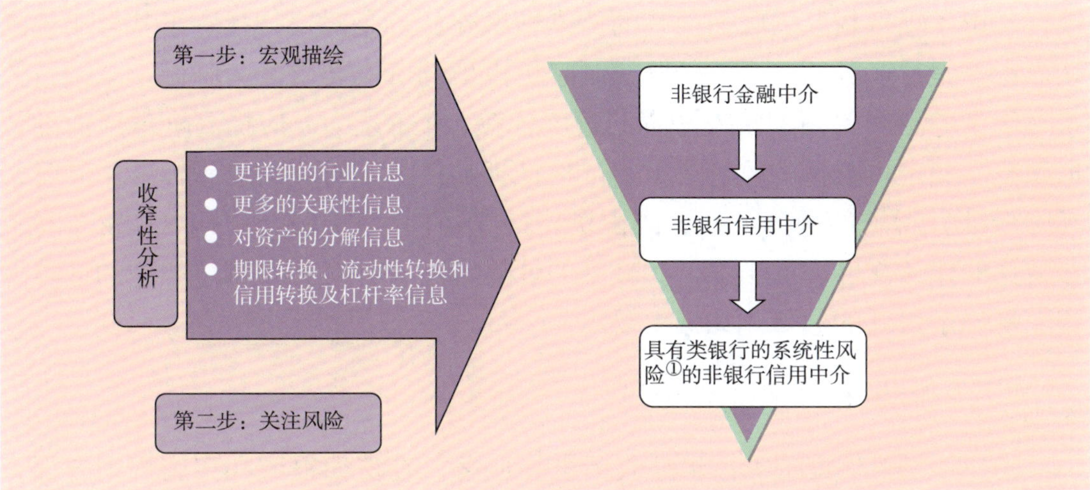

资料来源：FSB《2013年全球影子银行监测报告》，2013年11月。

图8–1　影子银行“两步法”分析图

制定和推动执行货币市场基金、证券化业务以及其他影子银行实体三个领域的政策。2013年，FSB继续从五个方面强化影子银行监管，8月FSB公布了对货币市场基金、证券化业务和其他影子银行实体三个领域的最终政策，并开始推动成员国执行。**在货币市场基金方面**，FSB提出，提供稳定资产净值（Stable NAV）的货币市场基金（MMFs）应尽可能转化为浮动资产净值（Floating NAV），或者引入与银行资本、流动性监管类似的审慎要求。美国、欧盟都发布相关监管建议，强化对MMFs运作方式的监管。**在证券化业务方面**，FSB基于IOSCO的改革建议，提出了风险留存要求、提高证券化产品的透明度和标准化等措施，并正在会同有关标准制定机构有序推动证券化市场的重启工作。**在其他影子银行实体方面**，FSB制定了一套政策框架以指导各国当局识别和评估非银行金融领域内的影子银行风险。主要包括三个方面：一是基于机构发挥的经济功能而非法律形式评估其影子银行风险，前瞻性识别银行监管之外的各种金融创新可能带来的风险；二是按照机构的经济功能、所处的市场结构及风险程度选择相应的政策工具；三是当局应通过FSB共享包括机构类型、经济功能、风险因素等在内的各类信息，确保政策执行的跨国一致性。

① 类银行的系统性风险包括期限转换、流动性转换、不完全的风险转移和杠杆等。

加快制定银行体系与影子银行的关联性、证券融资交易两方面的政策。为降低影子银行对传统银行体系的风险溢出，BCBS正在加快制定三方面的政策建议，一是明确并表监管范围，确保银行的所有活动均被纳入审慎监管；二是修订大额风险敞口要求，提高银行对单一交易对手违约风险的防范能力，控制银行与影子银行相互关联而面临的传染性风险；三是对银行投资于基金（包括从事影子银行业务的基金）的股权制定更审慎的资本要求。为降低影子银行体系对于证券融资等短期批发融资的过度依赖，FSB认为，应提高全球层面的数据归集、制定再抵押的监管要求、严格抵押品估值和管理的监管标准。同时，为降低证券融资的顺周期性，减少资产贱卖风险，FSB于2013年8月发布有关扣减率的建议文件，提出最低扣减率的计算方法，并对某些特定类型的证券融资交易设定最低的数量化扣减率要求。

（五）推动场外衍生品改革

2013年场外（OTC）衍生品改革进展显著。**在法律框架和实施规则方面，**绝大多数经济体已出台向交易信息库报送OTC衍生品交易信息的要求，过半数经济体制定了清算和交易要求，约半数经济体实施了特定的交易报告要求和巴塞尔Ⅲ资本要求，但仅有少数经济体制定了强制清算和有组织交易平台要求。**在跨境监管方面，**按照G20要求，来自主要OTC衍生品市场的监管当局成立工作组共同研究解决跨境监管规则的不协调问题。2013年8月，工作组发布了关于解决跨境监管冲突、监管缺口和监管重复的解决方案，提供了一套灵活的、以结果为基础的方法来评估跨境监管的等同性（equivalence）和替代合规性（substituted compliance），并要求各国尽快消除市场参与者向交易信息库报送信息（特别是交易对手方信息）的障碍，允许监管当局获取交易信息库的数据。**在国际标准制定方面，**BCBS和IOSCO于2013年9月出台非集中清算衍生品的保证金规则，要求各国于2015年12月起将其纳入本国监管框架内实施。CPSS和IOSCO于2013年8月发布关于当局获取交易信息库数据的报告。BCBS正在会同CPSS和IOSCO修改银行对中央对手方风险敞口的资本要求，最终指引将于2014年出台。

（六）降低对信用评级机构的依赖

2013年，FSB启动了降低对信用评级机构（CRA）依赖的同行评估，推动各国按照2012年G20峰会制定的路线图开展改革。评估分为两个阶段，第一阶段的评估已于2013年8月结束，评估报告显示，美国和欧盟在消除法律法规对CRA评级的硬性依赖方面进展显著，美国《多德—弗兰克法案》设定了比FSB

原则更为严格的规定，要求完全取消对CRA评级的使用；欧盟实施的信用评级机构监管条例，就如何落实FSB原则提供了最为全面的实施方案。报告认为，不同金融行业对于CRA评级的依赖程度不同，银行业监管规则仍大量依赖CRA，而保险业和其他非银行监管对CRA的依赖较少。BCBS已于2013年12月公布关于修订巴塞尔证券化业务框架的征求意见稿，针对证券化业务对于外部评级的机械性依赖、资本要求的陡壁效应等提出了建议措施，并正在研究资本标准法计量中可替代的评级方式。第二阶段的评估于2013年10月启动，目前包括中国在内的FSB成员国均提交了推动金融机构开发内部信用评级方法的行动计划。

（七）其他

改进数据缺口（Data Gap）。为加强G-SIBs的数据收集和共享，FSB计划分三个阶段实施“数据缺口与系统连接”项目。第一阶段已于2013年3月实施，主要内容是采集G-SIBs的信贷风险敞口数据，机构需按周向国际清算银行（BIS）下设的数据中心（Data Hub）报送对前50名交易对手的信贷风险敞口。除中国和瑞典外，其余G-SIBs母国均加入了该项目。6月，数据中心向参与机构的母国监管部门共享了数据信息。按计划，第二阶段和第三阶段分别将于2014年和2015年实施。

推动建立法人机构识别编码（LEI）。FSB继续推动建立“全球法人机构识别编码”体系，为全球所有参与金融交易的机构进行统一编码。该体系将建立独立于FSB的三层非盈利体系，由各国监管机构代表组成的监督委员会（ROC）负责进行总体决策，ROC下设中央运行机构（COU），负责全球数据的集中和处理，各国设立本地运行机构（LOU），负责本国、本领域LEI编码的注册运行维护。所有机构将获得唯一的由数字和字母组成的20位编码，其中前4位是分配给LOU的国家代码，5~18为LOU分配，最后两位是校验位。目前，美国、德国、爱尔兰和巴勒斯坦等国已申请获得LEI国家代码。

二、主要国家和地区加强宏观审慎管理的进展

（一）美国

金融稳定监督委员会（FSOC）识别和防范系统性风险。2013年，FSOC主要开展了以下工作：一是发布年报，总结美国宏观经济金融形势和金融市场发

展情况，梳理金融监管改革进展，分析美国金融稳定面临的潜在风险，并提出下一步政策建议。二是确定系统重要性非银行金融机构名单。7月，按照《多德—弗兰克法案》规定的评估指标以及FSOC制定的评估方法，认定美国国际集团、通用电气金融服务公司和保德信金融公司3家系统重要性非银行金融机构，将由美联储对其进行更加严格的审慎监管。

提高金融监管标准。一是落实巴塞尔协议Ⅲ的改革要求，严格资本要求。美联储、联邦存款保险公司和货币监理署联合出台了一系列政策新规，要求银行核心一级资本充足率（核心一级资本/风险加权资产）提高到4.5%，一级资本充足率提高到6%，建立2.5%储备资本要求，对使用高级法的银行提出了补充杠杆率不得低于3%的要求。二是建立流动性监管框架。发布加强流动性风险监管的新规，适用于所有总资产超过500亿美元的银行控股公司和储蓄贷款控股公司、总资产超过2 500亿美元或海外表内资产超过100亿美元的非银行金融机构，对流动性覆盖比率的适用范围与最低要求、优质流动性资产和现金净流出量的计算等作出详细规定。三是强化对货币市场基金（MMF）的监管。作为全球第一大MMF市场，FSOC于2012年11月提出实施结构性改革以降低MMFs脆弱性的建议，证券交易委员会（SEC）也发布改革MMFs运作方式的建议规则，为降低MMFs挤兑的可能性，可采取机构类的MMFs转化为浮动资产净值、非政府的MMFs设定赎回门槛或收取赎回费等措施。

"沃尔克"规则最终条款出台。2013年12月，美联储、商品期货交易委员会、联邦存款保险公司、货币监理署和SEC五家监管机构联合发布"沃尔克"规则最终条款，限制银行业机构开展证券、衍生品、商品期货等高风险自营业务，限制其发起或投资对冲基金和私募股权基金，进一步明确了限制业务的豁免情形，包括允许银行机构开展外国主权债务交易等。根据银行机构的资产规模设定门槛，制定实施相应的合规计划、记录和报告要求。"沃尔克"规则的实施将促使美国大型银行采取更加稳健的经营战略和业务模式，有助于减少投机交易业务对传统银行体系的冲击，重建对银行体系的信任和修复市场信心。

（二）英国

新的金融监管体系正式运行。2013年4月1日，《金融服务法》生效，英国新的金融监管体制正式运行，确立了英格兰银行负责货币政策、宏观审慎管理与微观审慎监管的核心地位。其内部成立金融政策委员会（FPC），负责宏观审慎管理，并下设审慎监管局（PRA），与金融行为局（FCA）一同负责微观审慎监管，取代原来的金融服务局（FSA）。12月18日，《金融服务（银行改革业）法》获得最终签署批准，标志着英国银行业结构改革正式立法。法案规定银行集团需设立独立的实体分别开展零售银行业务和投资银行业务，提高损失吸收能力，促进有序的银行业市场竞争，加强支付结算系统监管。

金融政策委员会履行宏观审慎职责。FPC自2013年正式成立以来，主要开展了以下工作：一是每半年发布金融稳定报告，对英国金融体系系统性风险状况进行分析和评估，确定今后的工作重点集中在提高银行资本水平、解决“大而不能倒”、影子银行三方面。二是定期向财政部、英格兰银行、PRA和FCA等监管部门提出一系列政策建议，包括起草压力测试指引、修订流动性监管要求、评估长期利率骤升的脆弱性、提高网络攻击的应对能力、要求抵押房贷机构进行利率压力测试等内容。三是FPC被赋予制定、决策逆周期资本缓冲和行业资本要求两项宏观审慎工具的职责。1月，FPC发布政策报告，阐述了将如何应用上述宏观审慎工具，及其对金融稳定和经济发展的潜在影响，并确定了涵盖银行业资产负债表、实体经济杠杆率、市场状况等一系列核心指标作为决策参考。

关注货币政策对金融稳定的影响。2013年，英格兰银行发布的金融稳定报告认为，货币政策通过需求和金融两个渠道影响金融稳定。一是需求渠道。宽松货币政策将鼓励住户和企业增加消费和投资，从而增加信贷融资需求，一旦未来利率提高，现有的债务规模将带来高昂的偿债成本。二是金融渠道。货币政策通过影响银行的盈利水平进而影响其资本补充能力，还可通过影响金融机构的融资能力，改变资产负债表的流动性。同时，货币政策会改变银行和非银行金融机构的风险预期和容忍度，名义利率的下降会使金融机构和市场参与者愿意承担更多风险。低利率也导致信贷快速增长，加大信贷调控的难度。此外，长期利率的下降将使保险公司和养老金的负债价值超出资产价值，从而产生资金缺口。

英格兰银行被指定为处置机构。危机后，英国建立了针对银行类机构的“特别处置机制”（Special Resolution Regime），明确英格兰银行为处置机构，负责问题金融机构的有序处置和退出。随着英国金融监管体制改革的逐步推进，特殊处置机制的适用范围已从银行和建筑协会扩大到所有受PRA、FCA监管的机构，包括存款吸收机构、投资公司、金融控股公司、中央交易对手方等。《金融服务法》进一步规定，英格兰银行及其下设PRA负责危机管理的实施：PRA负责判断是否需要启动处置程序，一旦进入处置程序，即由英格兰银行新设的特殊处置部门（Special Resolution Unit，SRU）负责，包括动用处置工具、与相关机构协调等。危机也促使英国对其存款保险制度进行反思，对金融服务补偿计划（FSCS）的一些制度性安排进行改进。一是要求每家存款吸收机构进行“单一客户概览”（Single Customer View），即对所有受保的存款人账户信息进行集中统计，以便于发生赔付时迅速向FSCS提供存款人的存款信息。二是取消原有需存款人提出申请才能进行赔付的规定，要求FSCS在银行破产后自动启动存款人赔付程序。三是制定严格的赔付期限，要求FSCS必须在银行破产7天内进行赔付。

（三）欧盟

欧洲银行业联盟（Banking Union）取得实质性进展。一是继2013年4月欧洲议会通过新的银行业监管规则，督促欧盟各国以法律形式落实金融监管改革后，9月12日欧洲议会高票通过欧盟银行业单一监管机制（Single Supervisory Mechanism，SSM），迈出了建立银行业联盟的第一步。欧央行（ECB）将对欧元区和其他自愿加入SSM的总资产大于300亿欧元，或者总资产达到其所在国GDP 20%以上的系统重要性银行以及请求或接受欧洲稳定基金（EFSF）或欧洲稳定机制（ESM）救助的欧盟国家银行进行直接监管。在此之前，ECB将对这些欧洲大型银行进行全面的压力测试，以掌握真实风险情况。各国监管当局将在ECB指导下对本国中小银行实施监管，并在消费者保护、反洗钱、支付服务等领域继续发挥重要作用。ECB在必要时可接管中小银行并采取早期干预措施。欧洲银行管理局（EBA）负责制定具体的监管规则，并继续定期开展银行业压力测试。二是欧盟委员会于12月19日审议通过了单一处置机制（Single Resolution Mechanism，SRM）的基本框架，成为继SSM之后建立欧洲银行业联盟的又一重要步骤。SRM将在欧盟建立银行业处置的统一规则，避免各国政府在处置银行时的政策措施不协调，降低处置成本，确保金融体系正常运行。ECB、欧盟委员会和各国处置当局将共同成立单一处置委员会（Single Resolution Board），负责分析和决定救助工具的类型及欧洲处置基金的运用方式。若各国处置当局不遵从单一处置委员会的处置决定，处置委员会有权直接对问题银行进行处置。

加强影子银行监管。继2012年3月发布关于影子银行监管的绿皮书后，欧盟委员会于2013年9月4日发布针对影子银行风险的监管提案，从提高流动性标准、强化信息披露要求、加强运作透明度等方面对影子银行设定新规，并计划针对MMFs提出新的监管规则，以提升其运营稳健性。2012年12月，欧洲系统性风险委员会（ESRB）公布了有关MMFs的监管建议，提出强制转化为浮动资产净值、额外流动性要求、额外的信息披露要求及更详细的报告要求等。

强化系统性风险监测评估。ESRB继续发布风险监测表，对内部关联性和系统性风险、宏观经济风险、信用风险、流动性和融资风险、市场风险等进行监测。根据欧盟各成员国的情况，建议采用不同的宏观审慎工具应对银行业、保险业和金融基础设施等领域风险，对工具的实施效果进行评估。ESRB建议采取一系列措施解决非金融私人部门外币债务的系统性风险问题，采用宏观审慎工具确保欧洲资本规则的有效实施。

（四）俄罗斯

建立金融监管新体制。2013年7月，俄罗斯颁布法案，撤销联邦金融市场局，组建隶属于俄罗斯中央银行的金融监管委员会，承担金融市场领域的管理和监督职能，对证券公司、保险公司、小型金融组织和养老基金等金融机构的经营活动实行统一监管。俄央行需向国家杜马提供（每三年一次）关于金融市场重点领域发展和稳定运行的草案。此项改革进一步强化了俄央行的宏观审慎管理职能，将货币政策和金融监管两项职能同时归属于一个机构，确保了金融政策的统一性和连续性，进一步增强了俄央行防范和化解系统性风险的能力。

三、我国宏观审慎管理的实践

（一）建立金融监管协调部际联席会议制度

党中央、国务院高度重视金融监管协调机制建设。2003年12月修订的《中国人民银行法》中明确要求“国务院建立金融监管协调机制，具体办法由国务院规定”。2008年人民银行“三定”方案规定，在国务院领导下，人民银行会同银监会、证监会、保监会建立金融监管协调机制。根据上述规定，人民银行、银监会、证监会、保监会通过多种方式，在加强金融监管沟通和协调方面进行了积极探索。

2013年以来，我国经济社会发展呈现出新的阶段性特征，经济结构调整步伐加快，利率汇率市场化改革稳步推进，金融创新和新的金融业态不断涌现，金融业的外部经营环境和内部经营机制发生深刻变化，对建立金融监管协调机制提出了迫切要求。8月，国务院批复建立由人民银行牵头，银监会、证监会、保监会和外汇局参加的金融监管协调部际联席会议制度，联席会议办公室设在人民银行，承担金融监管协调日常工作。部际联席会议通过季度例会或临时性会议等方式履行工作职责，加强货币政策与金融监管政策之间以及监管政策与法律法规之间的协调，促进维护金融稳定和防范化解系统性、区域性金融风险的协调，强化交叉性金融产品、跨市场金融创新的协调，加强金融信息共享和金融业综合统计体系的协调，这标志着我国金融监管协调工作走向了制度化和规范化。

建立金融监管协调部际联席会议制度，是国务院根据国内外经济金融形势发展需要作出的重大决策，是完善我国金融监管体制的重要举措。首先，建立金融监管协调机制有利于弥补金融创新快速发展过程中出现的监管缺位和监管不足等问题，统一监管尺度和标准，是分业监管体制下维持金融业健康、高效运行的内在要求。其次，建立金融监管协调机制有利于促进宏观调控和金融监管以及监管政策措施之间的协调，形成政策合力，是发展金融市场、服务实体经济的有效保障。最后，建立金融监管协调机制有利于将金融体系视作一个整体，加强货币市场、信贷市场、资本市场、保险市场之间政策措施及执行的统筹协调，强化宏观审慎管理，切实防范和化解系统性风险。

自金融监管协调机制建立以来，相关部门积极开展工作，研究协调建立金融监管信息共享和金融业综合统计协调机制、规范互联网金融发展与监管、规范银行同业业务管理、完善地方金融管理体制等问题。下一步，部际联席会议将在国务院领导下认真履行职责，不断提升监管协调工作规范化和制度化水平。

（二）实施逆周期宏观调控

近年来，人民银行采用了数量、价格以及宏观审慎政策相结合的调控模式，综合发挥不同调控手段的作用，相互协调，形成合力。国际金融危机爆发后，吸取发达经济体的教训，人民银行在研究健全宏观审慎政策框架和管理手段的基础上，于2011年初正式引入了差别准备金动态调整机制。2013年，人民银行根据经济金融形势变化、金融机构稳健性状况以及信贷政策执行情况，继续实施并完善差别准备金动态调整制度，对有关参数进行调整，引导金融机构落实好稳健货币政策的要求，保持自身稳健经营，合理适度投放信贷，优化信贷结构。年初时，注意引导农村金融机构充分考虑农时和农业生产经营特点，及时安排春耕备耕贷款资金，切实满足“三农”信贷需求。第三季度，适当加大了对有关政策参数的调整力度，以进一步鼓励和引导金融机构增加对小微企业、“三农”及中西部欠发达地区的信贷投入。总体看，差别准备金动态调整机制与公开市场操作、利率、准备金率等传统货币政策工具相配合，在保持总量稳定、促进结构优化、提升金融机构稳健性方面发挥了重要作用。下一阶段，可根据形势发展需要，通过适时调整有关政策参数，继续发挥差别准备金动态调整工具的逆周期调节作用。同时，针对金融深化和创新发展，研究探索将更多信用创造活动纳入宏观审慎政策框架。人民银行和银监会继续研究制定逆周期资本缓冲的相关规则。建立和完善宏观审慎管理和微观审慎监管协调配合、互为补充的体制机制。

（三）加强系统性风险监测评估

2013年，人民银行从宏观全局的角度出发，加强对国内外宏观经济运行形势的研判，深入分析国际经济金融形势变化、资本跨境流动等对我国流动性和价格水平的影响，深刻把握我国转轨经济的体制特征，重点对具有转轨经济特征的风险进行分析，密切监测和评估地方政府融资平台、房地产贷款、产能过剩行业、交叉性金融产品、跨市场金融创新快速发展的潜在风险等。继续开展金融稳定压力测试，结合国际国内经济形势变化和金融改革部署，合理设置压力测试情景，完善压力测试方法，丰富承压指标。不断完善银行业、证券业和保险业日常监测和风险评估体系，深入推进金融机构稳健性现场评估。强化金融机构重大事项及风险事件的报告制度，做好应对预案，及时处置突发风险。建立存款保险制度，完善市场化退出机制。

专栏21　银行业金融机构风险传染分析

结合2007年至2013年银行间支付结算数据，可以对我国金融网络的稳定性开展进一步的动态跟踪和分析。

2013年1月至12月，反映我国金融网络稳定性的主要指标普遍经历了较为明显的波动过程。广度（*B*）、深度（*D*）与强度（*I*）指标均表现出了先升后降的特点，且高点都出现在5月、6月。为进一步分析稳定性指标的波动，辨析金融机构风险传染情况，我们引入新的稳定性指标（*L*），对金融机构的网络依赖程度进行衡量（见图8-2）。

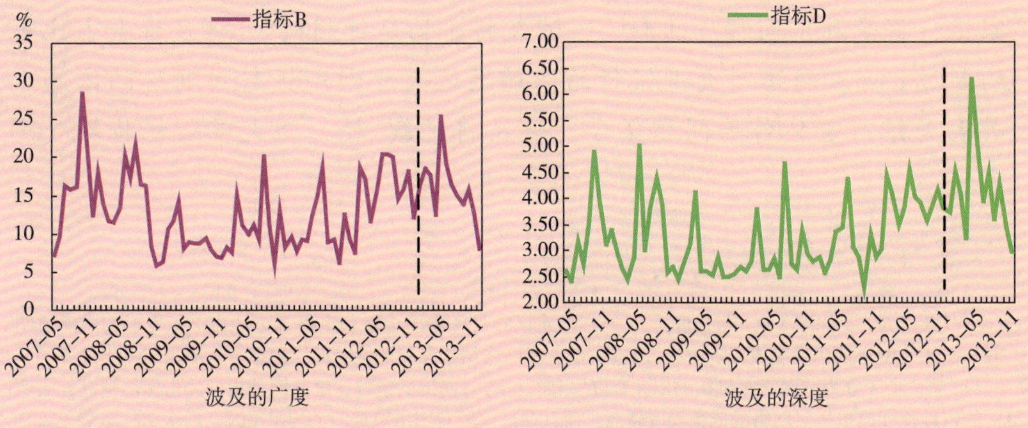

图8-2　2007—2013年金融网络稳定性指标

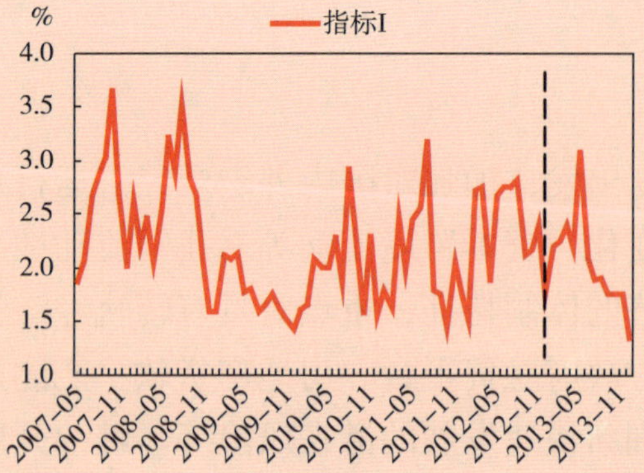

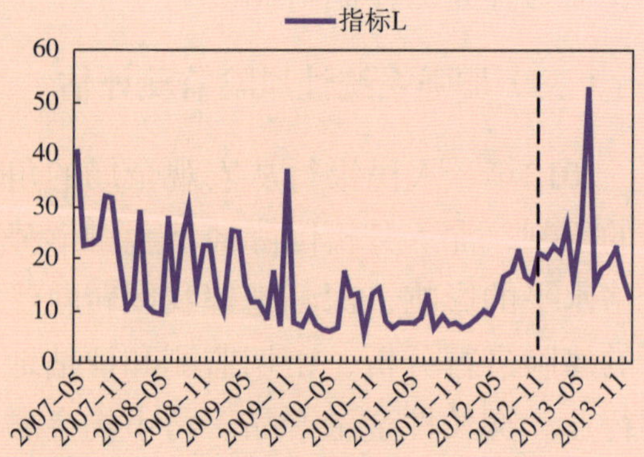

图8-2　2007—2013年金融网络稳定性指标①（续）

网络依赖程度指标（*L*）为银行业金融机构流入（流出）资金占其头寸的比重，反映了金融机构在流动性供需方面与整个金融网络的依赖关系。从整体走势看，指标*L*自2010年以来一直处于较低水平，2012年下半年开始逐步升高，至2013年6月达到最高点后迅速下降。金融机构与网络之间依赖程度的迅速提高，一方面表明资金流出方对整个网络的重要性在不断上升，另一方面则反映了资金流入机构对外部资金的依赖程度也在增强。深入分析后发现，5月、6月，由于部分机构（尤其外资银行）出现头寸明显下降或资金流动规模显著增大的趋势，导致其对外部资金的依赖程度大幅度增加，进而对整个网络稳定性产生了影响。

选取2013年6月这一时间截面，我们对大型商业银行、政策性银行②、股份制商业银行、邮政储蓄银行、农村信用社及各外资银行等参与主体构成的网络进行分析。

大型商业银行。当大型商业银行分别发出流动性冲击时，平均约38家银行将受到不同程度的影响，波及将平均延续5轮，其涉及资金占比平均超过13%。网络对大型银行的依赖远远大于大型银行对网络的依赖。若大型银行整体作为问题集合，波及将延续7轮，绝大多数机构均受影

---

① 广度（*B*）、深度（*D*）与强度（*I*）指标的定义参见《中国金融稳定报告（2012）》专栏23中的说明。在此，我们引入“网络依赖程度指标”（*L*）以进一步反映网络结构与稳定性状况。根据资金流入或流出的不同，指标（*L*）又可进一步区分为“网络对机构的依赖程度”和“机构对网络的依赖程度”两种指标。指标值越高，表明网络对机构的依赖程度或机构对网络的依赖程度越高。而且在计算所有网络节点的平均水平时，两个指标走势无差别。

② 本专栏中，大型商业银行指中国工商银行、中国农业银行、中国银行和中国建设银行4家，交通银行归为股份制商业银行分类。政策性银行包括国家开发银行、中国进出口银行、中国农业发展银行3家。

响。对比2012年6月的情况，大型商业银行属于重要的资金供给方，网络影响力较高。

政策性银行。当政策性银行发出流动性冲击时，平均波及的机构为19家，波及的轮数为5轮，影响的平均资金比例为2%。与2012年相比，政策性银行在网络中的影响力相对稳定，但从网络依赖角度看，网络对政策性银行的依赖不高，政策性银行对网络的依赖程度却相对较强。

股份制商业银行。股份制银行分别发出流动性冲击时，平均波及机构数量增加至23家，平均波及提高至5轮，影响的资金比率超过4%。整体而言，股份制商业银行对网络的平均依赖程度比较适中，也有个别股份制商业银行较多依赖网络，但网络对部分股份制商业银行的依赖程度较高。这表明，尽管与大型商业银行相比，股份制商业银行整体影响力依然较弱，但其对整个网络的影响方式已经有所改变。

邮政储蓄银行与农村信用社。与历史相比，2013年6月，邮政储蓄银行的网络影响力与影响方式都有较大变化。不仅影响机构的数量下降至12家，波及延续的平均轮数为5轮，而且影响的资金比率也下降至1%。值得注意的是，网络对邮政储蓄银行的依赖程度出现了显著上升。表明在此期间，邮政储蓄银行的资金供给对维护网络稳定变得非常重要，并成为除大型商业银行外最重要的资金供给力量。农村信用社与邮政储蓄银行相似。2013年6月，当农村信用社作为整体冲击集合的时候，波及机构的平均数量及轮数分别达到12家和8轮，涉及的资金比例也超过8%。但与邮政储蓄银行不同的是，与其他机构相比，农村信用社对网络的依赖程度较强，而且程度仍在逐步上升。

外资银行。外资银行的影响力和影响范围比较稳定。2013年6月单个外资银行面临冲击时，平均影响机构数量为15家（大部分为外资银行），波及的延续轮数将近5轮，影响的交易量则稳定在1%。然而从网络依赖程度看，大部分外资银行对网络的依赖程度都很高。这表明，尽管外资银行的网络影响力依然较弱，但容易受到资金条件变化的影响，对流动性风险变动较为敏感。

整体而言，2013年我国金融网络结构变化较大，但网络稳定的基础较好，大型商业银行等金融机构的地位依然稳固。值得注意的是，2013年5月、6月，反映网络稳定性的各项指标平均水平较高，这主要受流动性环境转变、机构行为调整以及整个宏观经济运行波动的影响。

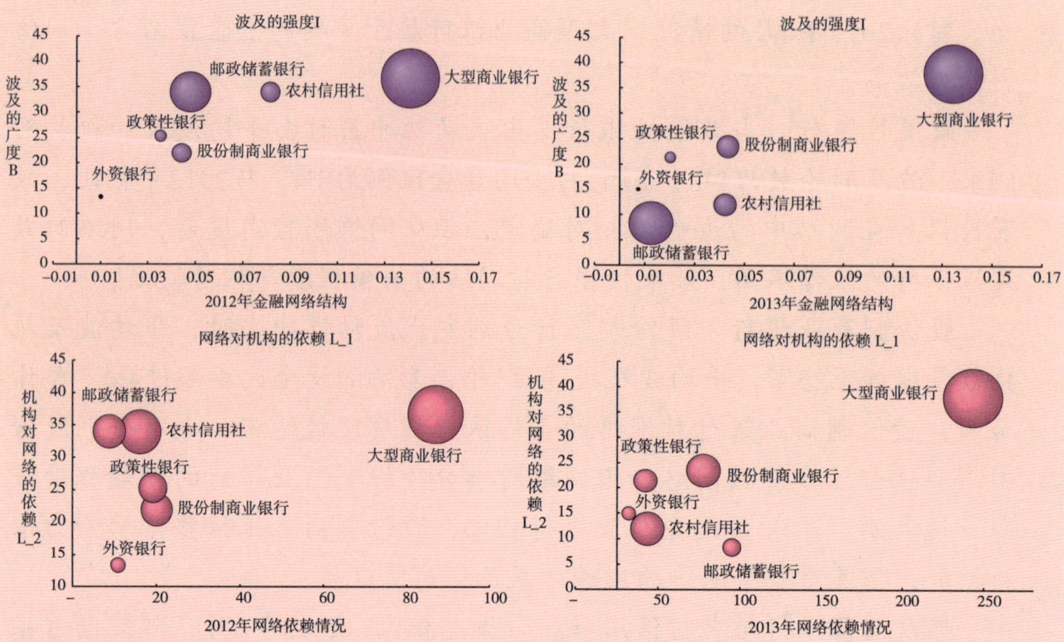

图8-3　2012年与2013年金融网络结构和网络依赖情况①

（四）强化系统重要性金融机构监管

相关部门在借鉴G20、FSB关于系统重要性金融机构评估具体方法的基础上，立足我国国情，研究制定国内系统重要性金融机构（D-SIFIs）的认定标准和评估框架，适当强化监管要求，建立有序处置和清算安排。2013年，中国银行的危机管理小组（CMG）积极开展工作，指导制定恢复和处置计划。年末，中国银行的可处置性评估启动。相关部门正在推动建立中国工商银行和中国平安保险集团的CMGs，研究制定恢复和处置计划。2013年，银监会制定了《商业银行全球系统重要性评估指标披露指引》，要求表内外资产余额为1.6万亿元人民币以上或者上一年度被认定为全球系统重要性银行的商业银行从2014年起披露全球系统重要性评估指标。发布实施该指引，有利于加强对商业银行的市场约束，促进银行改进内部信息系统和管理水平，增加透明度，也有利于加强系统性风险的分析、监测与防范。

（五）规范影子银行发展

2013年，人民银行进一步健全社会融资规模统计制度，将中央银行金融统

① 其中2012—2013年“金融网络结构”图中，圆形面积的大小表示金融机构的头寸规模；而2012—2013年“网络依赖情况”图中，圆形面积的大小则反映涉及资金占比（I）。

计对象范围拓展至影子银行体系。监管部门不断加大对影子银行的监管力度，规范银行理财产品的规模、投资范围、透明度、信息披露、会计核算和销售等。为有效防范影子银行风险，引导其健康发展，2013年12月，国务院下发《关于加强影子银行监管有关问题的通知》，明确界定影子银行的范围和分类，落实影子银行各领域、各门类的监管职责，完善金融机构准入管理和产品监管，加强行为监管，规范和引导金融市场秩序，做好风险防控，健全监管协调、信息统计、信用体系建设等配套措施。

专栏22　有序打破理财产品的刚性兑付

“刚性兑付”是指当理财资金出现风险、产品可能违约或达不到预期收益时，作为发行方或渠道方的商业银行、信托公司、保险机构等为维护自身声誉，通过寻求第三方机构接盘、用自有资金先行垫款、给予投资者价值补偿等方式保证理财产品本金和收益的兑付。近年来，银行、信托、证券等各类理财产品快速发展，刚性兑付现象日益凸显，扭曲市场纪律，干扰资源配置方式，带来诸多问题。

刚性兑付增加了金融体系的整体风险。刚性兑付导致理财产品的风险和收益不匹配，诱发投资者资产配置不合理调整，抬高了市场无风险资金定价，引发了资金在不同市场间的不合理配置和流动。资金加速流向高收益的理财和非标准化债权产品，商业银行的存款流失，债券市场、股票市场和保险行业的资金被挤出。市场无风险利率上升，也造成蓝筹股市盈率下降，债券市场和股票市场低迷。

刚性兑付引发投资者和金融机构的道德风险。由于长期以来理财产品的预期收益率较少被打破，一些理财投资者的风险承担意愿远低于股票、外汇、基金投资人，过于追求收益，不愿自担风险，如果不能按照预期兑付，可能拥堵机构网点，要求机构偿付资金，形成社会不稳定因素。而金融机构一旦存在第三方兜底或介入的预期，为吸引投资者，也会忽视项目的风险，优先选择收益高的项目，尽职调查和风险控制薄弱。高收益的理财产品往往投向地方融资平台和房地产等调控领域，并通过资金挤出效应等渠道，加剧了中小企业“融资难”、“融资贵”。

为促进我国理财市场的健康发展，完善信用风险在定价中的作用，减少道德风险，强化市场纪律约束，应在风险可控的前提下，有序打破刚性兑付，顺应基础资产风险的释放，让一些违约事件在市场的自发作用下“自然发生”。增强投资者对于理财产品的风险意识，树立“卖者尽责、买者自负”的理念。当理财产品出现兑付风险时，应合理界定理财发行方、渠道方和投资者之间的责任和义务，各自承担相应的风险，以此推动理财业务回归“受人之托、代人理财”的本质。

专题一

银行业压力测试

一、压力测试基本情况

2013年底，人民银行组织我国17家具有系统重要性的商业银行开展了2014年度金融稳定压力测试。此次压力测试包含信用风险压力测试、市场风险压力测试和流动性风险压力测试，目的是基于2013年底17家商业银行的资产负债表等数据，评估商业银行在不利冲击下的稳健性状况。

测试范围。此次测试涵盖大型商业银行和股份制商业银行共17家。大型商业银行包括中国工商银行、中国农业银行、中国银行、中国建设银行和交通银行；股份制商业银行包括招商银行、上海浦东发展银行、中信银行、兴业银行、中国民生银行、中国光大银行、华夏银行、广发银行、平安银行、恒丰银行、浙商银行和渤海银行。截至2013年末，17家商业银行资产总额约占银行业金融机构总资产的61%，具有较强的代表性。

测试方式。本次压力测试以外部测试和内部测试两种方式展开，外部测试以17家商业银行为考察对象，由各商业银行根据给定口径提交数据，人民银行汇总后实施；内部测试主要考察单家商业银行或不同组别商业银行的风险状况，各商业银行自行开展测试并由人民银行对结果进行汇总和分析。

测试方法。信用风险压力测试采用敏感性压力测试和情景压力测试两种方法，敏感性压力测试直接考察重点领域信用敞口质量恶化的影响；情景压力测试测算银行体系的整体不良率和资本充足率在宏观经济下行时的变化情况。市场风险压力测试主要考察利率或汇率波动对商业银行资本充足率的影响。流动性风险压力测试测算政策因素和宏观经济因素对商业银行流动性比例的影响。

压力情景①。信用风险情景压力测试选择GDP增长率、M_2增长率和CPI涨幅3个压力指标来表征宏观经济下行的情景。信用风险敏感性压力测试以整体信贷资产和6个重点领域的不良贷款率、违约或损失作为压力指标。银行账户利率风险压力测试分别以平移和收窄的存贷款利率作为压力指标；交易账户利率风险压力测试以人民币债券收益率作为压力指标。汇率风险压力测试以人民币/美元汇率作为压力指标。流动性压力测试的压力指标包括有价证券价格、不良贷款占比、存款规模和同业存款（拆入）规模。此次压力测试的具体压力情景如下（见表1）。

① 需要特别指出的是，压力情景根据外部经济专家问卷调查结果设定，不代表人民银行对宏观经济的判断。

表1　　金融稳定压力测试情景设计

风险种类	测试类型	测试对象	压力情景
信用风险	情景压力测试	整体信贷资产	轻度冲击为GDP增长率下降至7% 中度冲击为GDP增长率下降至5.5% 重度冲击为GDP增长率下降至4% （M_2增长率和CPI涨幅根据专家意见综合设定）
	敏感性压力测试	整体信贷资产	轻度冲击为不良贷款率上升100%[①] 中度冲击为不良贷款率上升250% 重度冲击为不良贷款率上升400%
		长三角地区贷款	
		客户集中度	轻度冲击为前1家最大集团（法人）客户违约 中度冲击为前2家最大集团（法人）客户违约 重度冲击为前3家最大集团（法人）客户违约
		地方政府融资平台贷款	轻度冲击为不良贷款率增加5个百分点[②] 中度冲击为不良贷款率增加10个百分点 重度冲击为不良贷款率增加15个百分点
		产能过剩行业贷款	
		表内外理财产品敞口[③]	轻度冲击为表内外理财产品余额损失10% 中度冲击为表内外理财产品余额损失20% 重度冲击为表内外理财产品余额损失30%
		房地产贷款	轻度冲击为个人住房贷款、房地产开发贷款（含土地储备贷款）不良率分别增加3个和5个百分点 中度冲击为个人住房贷款、房地产开发贷款（含土地储备贷款）不良率分别增加4.5个和10个百分点 重度冲击为个人住房贷款、房地产开发贷款（含土地储备贷款）不良率分别增加7.5个和15个百分点

① 假设初始不良贷款率为X%，则上升n%后不良贷款率为X%（1+n%）。

② 假设初始不良贷款率为X%，则增加n个百分点后不良贷款率为（X+n）%。

③ 根据理财产品的投资范围划分，此次压力测试对象为信贷类理财产品，不包括债券类、存款类、资本市场类信托以及境外代客理财等其他类型的理财产品。

续表

风险种类	测试类型	测试对象	压力情景
市场风险	利率风险压力测试	银行账户	利率平移风险： 轻度冲击为存贷款利率上升50个基点 中度冲击为存贷款利率上升125个基点 重度冲击为存贷款利率上升250个基点 利率基础风险： 轻度冲击为存款利率上升50个基点，贷款利率不变 中度冲击为存款利率上升125个基点，贷款利率下降25个基点 重度冲击为存款利率上升250个基点，贷款利率下降50个基点
		交易账户	轻度冲击为各种人民币债券收益率曲线上升100个基点 中度冲击为各种人民币债券收益率曲线上升250个基点 重度冲击为各种人民币债券收益率曲线上升350个基点
	汇率风险压力测试[①]	银行账户和交易账户	轻度冲击为人民币/美元汇率变化±10% 中度冲击为人民币/美元汇率变化±20% 重度冲击为人民币/美元汇率变化±30%
流动性风险	情景压力测试	银行账户和交易账户	轻度冲击为30日内到期贷款转为不良贷款的比率为4%，有价证券价格下跌4%，存款流失4%，同业存款和拆入规模下降10% 中度冲击为30日内到期贷款转为不良贷款的比率为7%，有价证券价格下跌7%，存款流失6%，同业存款和拆入规模下降30% 重度冲击为30日内到期贷款转为不良贷款的比率为10%，有价证券价格下跌10%，存款流失8%，同业存款和拆入规模下降50%

二、压力测试总体结论

（一）信用风险

银行体系对信用风险的抗冲击能力较强。信用风险敏感性和情景压力测试结果均表明，我国商业银行资产质量和资本充足水平较高，以17家商业银行为

① 汇率风险压力测试中的冲击指人民币对美元汇率产生变化，同时假定美元对其他货币汇率保持稳定。

代表的银行体系对宏观经济冲击的缓释能力较强，总体运行稳健。

信用风险敏感性压力测试显示，在整体不良贷款率上升400%的重度冲击下，银行体系的资本充足率将从11.98%下降至10.5%（见图1）。其中，大型商业银行下降1.63个百分点，股份制银行下降1.12个百分点（见图2）。对于6个重点领域信用风险敞口，在轻度、中度和重度冲击下，银行体系的整体资本充足率均保持在较高水平，即使在重度冲击下，资本充足率也不低于10.5%。

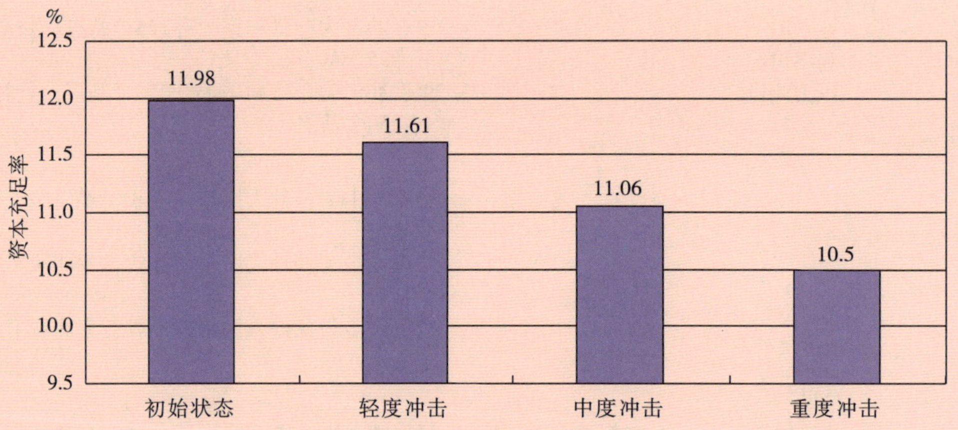

图1　整体信贷资产敏感性测试总体情况

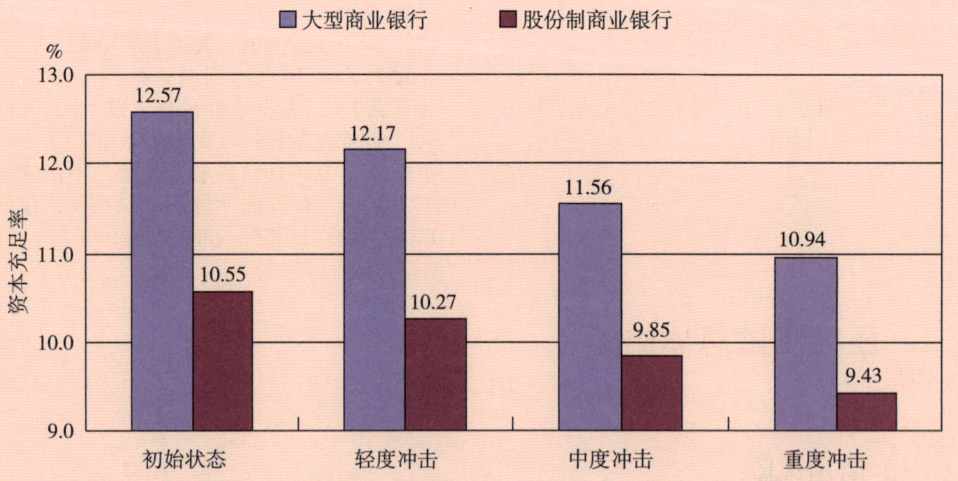

图2　整体信贷资产敏感性测试分组情况

信用风险情景压力测试显示，在轻度、中度和重度冲击下，银行体系的整体资本充足率将分别下降为11.79%、11.23%和10.17%。其中，中度和重度冲击对银行体系的影响较大，但冲击后的银行体系资本充足率水平仍较高，显示我国银行体系对宏观经济冲击的缓释能力较强、总体运行较为稳健。在初始状态，17家商业银行中资本充足率高于10.5%的有14家，而在轻度、中度和重度冲击下，分别变化为11家、7家和3家（见图3）。

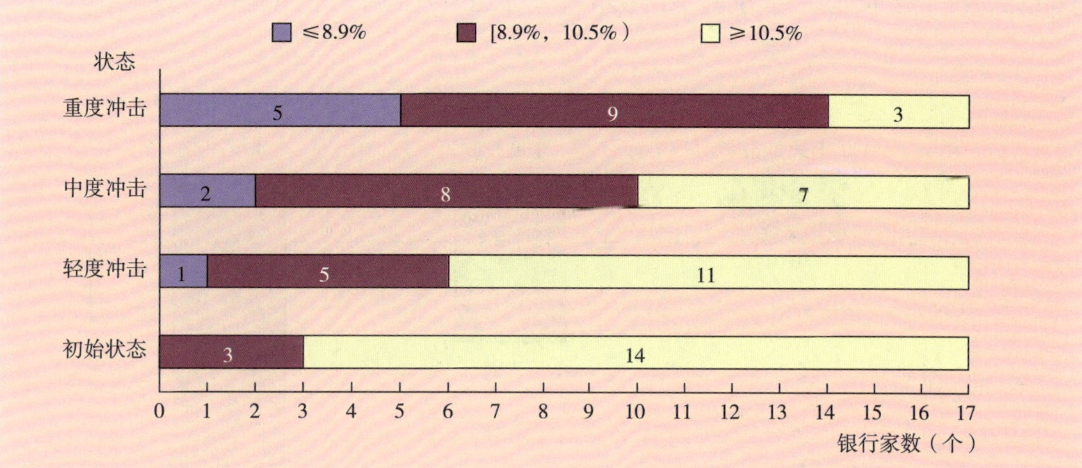

图3　银行在资本充足率不同区间的分布：情景测试

部分重点领域稳健状况值得关注。根据6个重点领域风险敞口测试结果，房地产贷款、银行表内外理财等领域风险和集团客户集中度风险应当引起关注（见图4）。从测试结果的机构分布来看，由于资本充足水平、风险敞口大小及资产质量的不同，各商业银行的抗风险能力存在一定的差异。

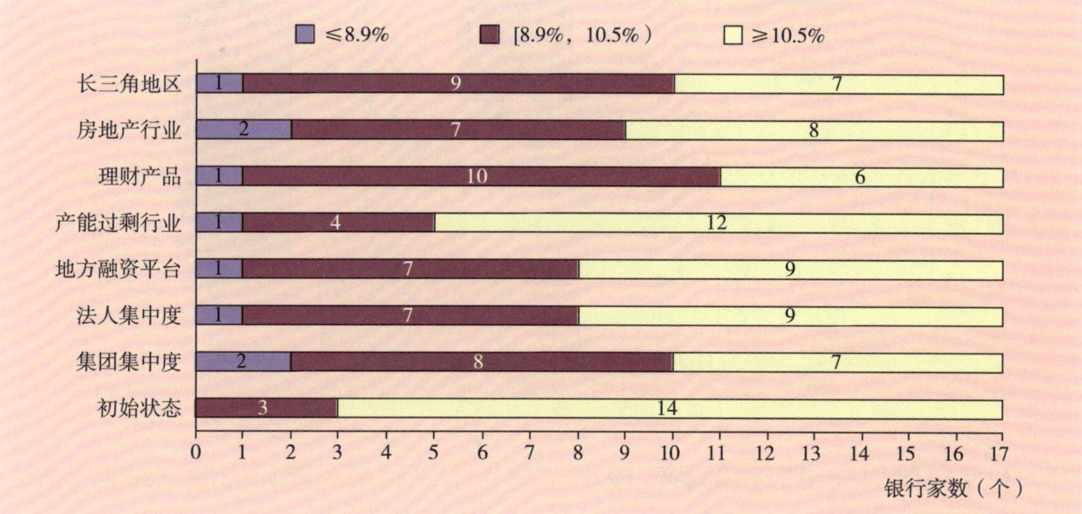

图4　银行在资本充足率不同区间的分布：敏感性测试（重度冲击）

（二）市场风险

银行账户利率风险基本可控。压力测试结果表明，在存贷款利率整体上升250个基点的重度冲击下，银行体系的资本充足率仅下降0.19个百分点（见图5）；当存款利率上升、贷款利率下降时，在轻度、中度和重度冲击下，银行体系的整体资本充足率分别下降0.46个、1.36个和2.73个百分点（见图6）。

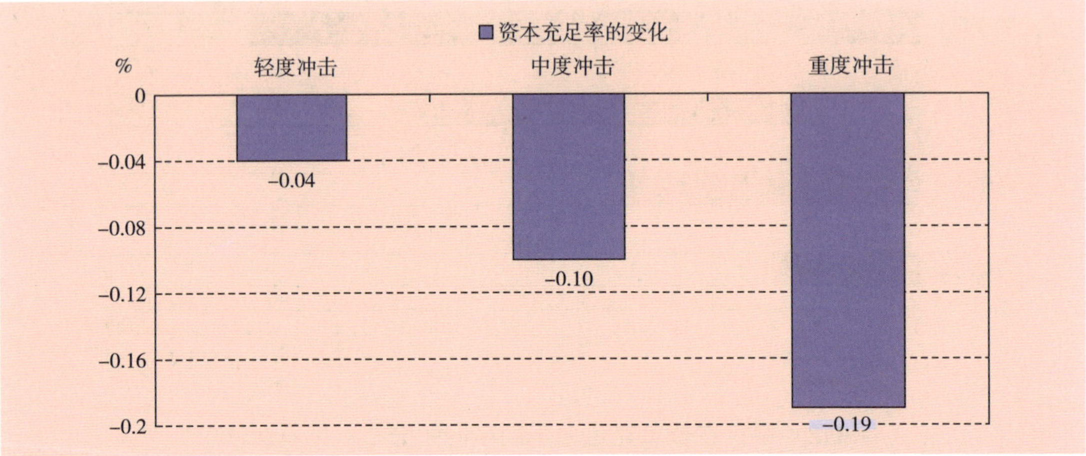

图5　银行账户利率平移风险

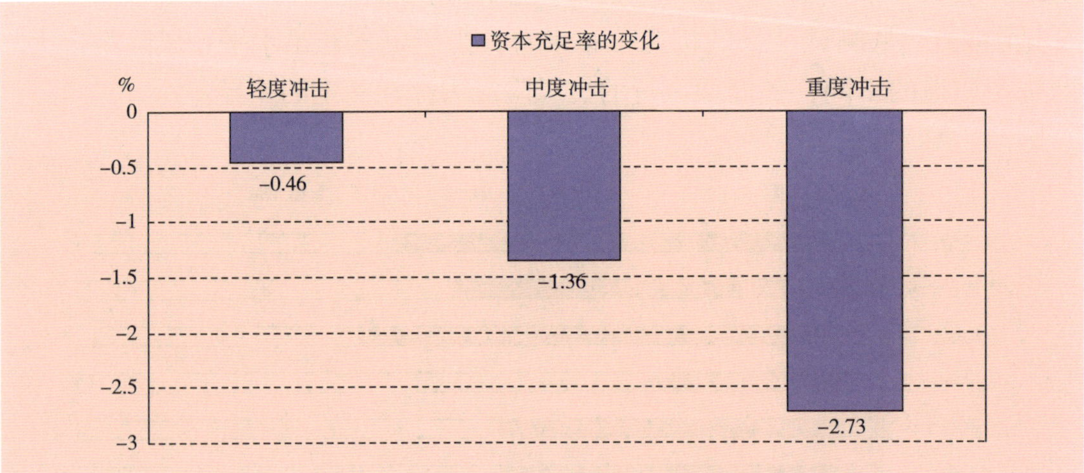

图6　银行账户利率基础风险

利率风险对交易账户的影响较小。交易账户利率风险压力测试结果显示，在各种人民币债券收益率曲线上升350个基点的重度冲击下，17家银行的资本充足率都只有微小的波动，银行体系的资本充足率仅下降了0.024个百分点

（见图7）。其中，在相同的冲击下，股份制银行资本充足率的降幅略高于大型商业银行，表明股份制银行对各种人民币债券收益率曲线上升更为敏感（见图8）。

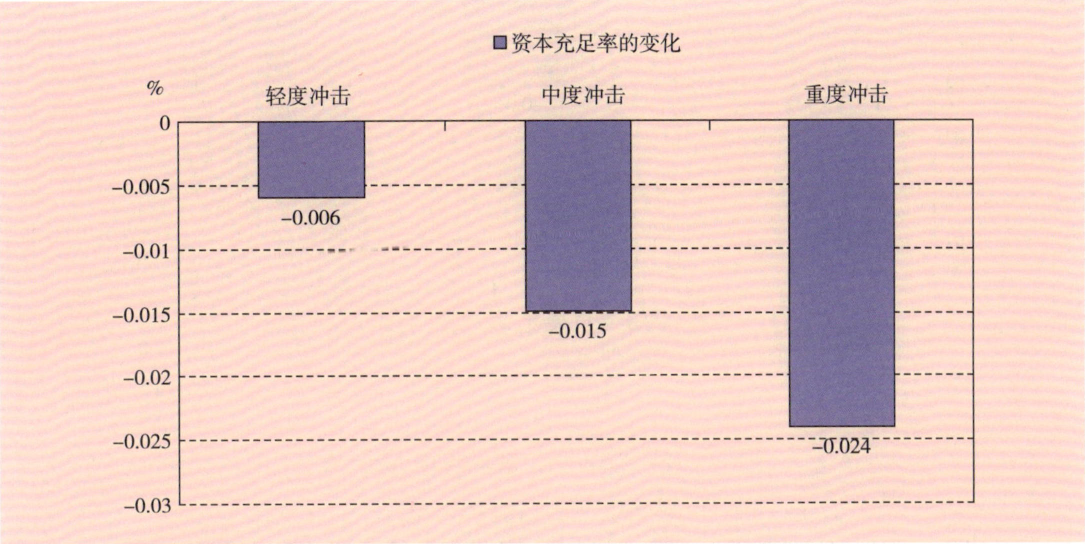

图7　交易账户利率风险

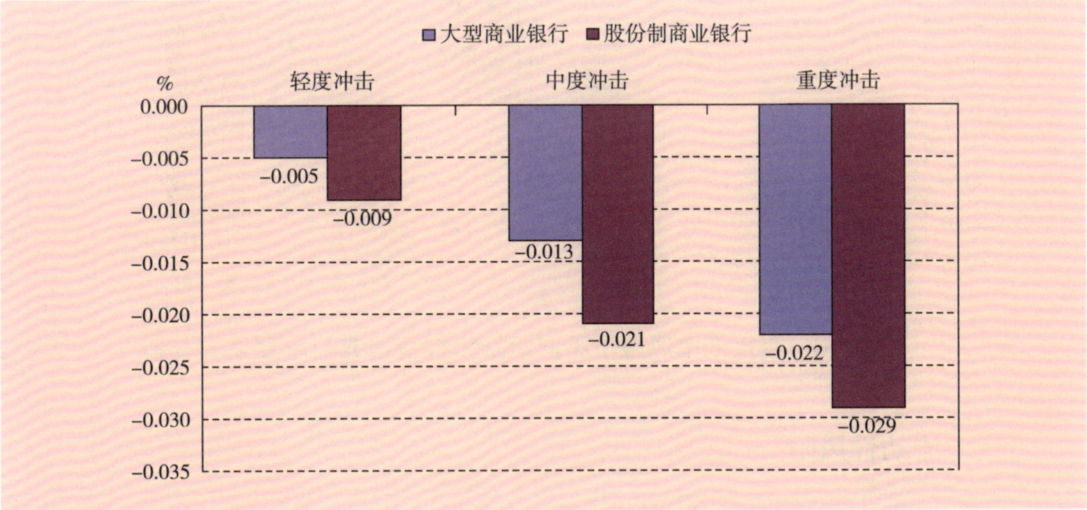

图8　交易账户利率风险下不同组别银行资本充足率变化

汇率变动对银行体系的直接影响有限。压力测试结果表明，在重度冲击下，银行体系的资本充足率仅下降了0.06个百分点（见图9）。其中，在相同的冲击下，股份制银行资本充足率的降幅略高于大型商业银行（见图10）。

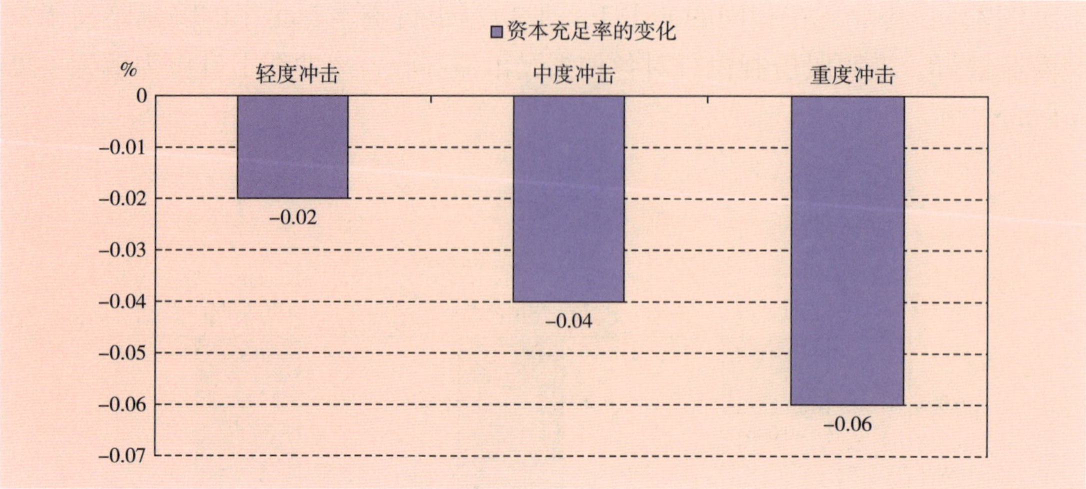

图9　直接汇率风险

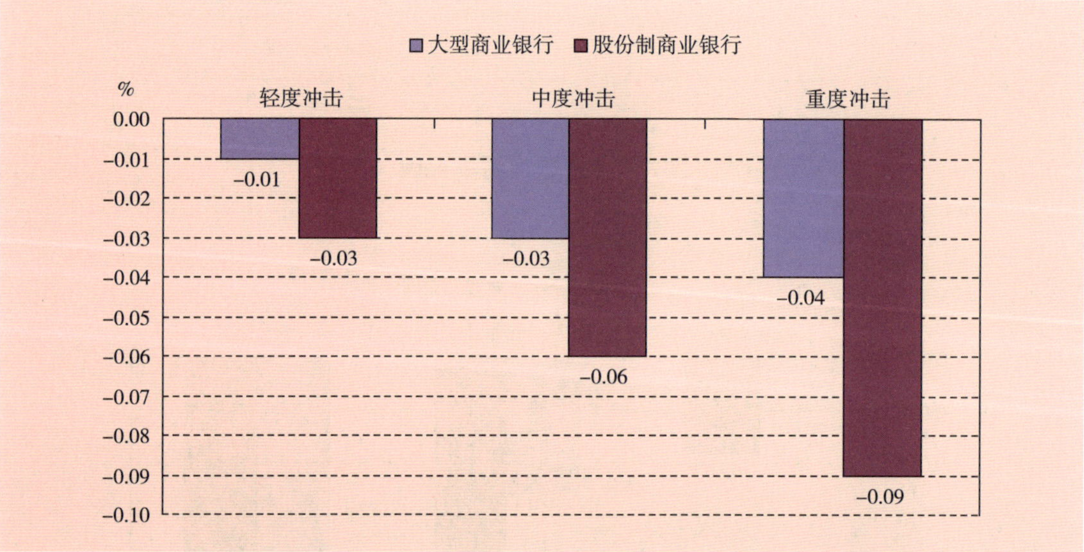

图10　直接汇率风险下不同组别银行资本充足率变化

（三）流动性风险

流动性风险压力测试以内部测试方式展开。压力测试结果表明，在压力冲击下银行的流动性比例出现不同程度的下降。在中度和重度冲击下，分别有1家和3家银行的流动性比例不满足监管要求①（见图11）。

① 根据银监会公布的《商业银行风险监管核心指标（试行）》中的规定，商业银行的流动性比例不应低于25%。

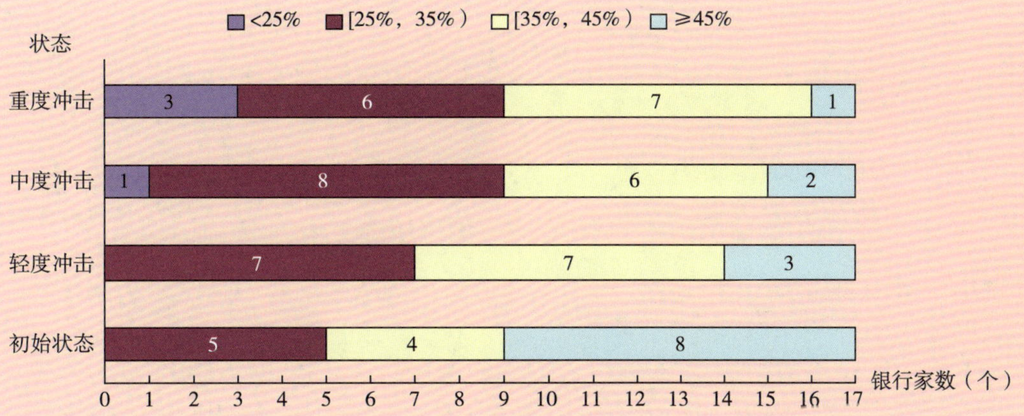

图11　银行在流动性比例不同区间的分布：流动性风险

专题二

互联网金融的发展及监管

21世纪以来，随着互联网技术和移动终端设备的广泛使用，借助网络实现资金支付、融通和信息中介服务的互联网金融飞速发展。互联网金融有助于改善小微企业融资环境，优化金融资源配置，提高金融体系包容性，发展普惠金融。目前，我国互联网金融还处于发展的观察期，需要处理好鼓励创新与消费者权益保护、风险防范之间的关系，按照“鼓励创新、防范风险、趋利避害、健康发展”的总体要求，对其予以适度监管，促进互联网金融持续、健康、稳步发展，更好地服务实体经济。

一、互联网金融的基本情况

互联网金融的内涵。当前，业界和学术界对互联网金融尚无明确的、获得广泛认可的定义，但对互联网支付、P2P网贷、众筹融资等典型业态分类有比较统一的认识。一般来说，互联网金融是互联网与金融的结合，是借助互联网和移动通信技术实现资金融通、支付和信息中介功能的新兴金融模式。广义的互联网金融既包括作为非金融机构的互联网企业从事的金融业务，也包括金融机构通过互联网开展的业务。狭义的互联网金融仅指互联网企业开展的、基于互联网技术的金融业务。

互联网金融的主要特征。一是以大数据、云计算、社交网络和搜索引擎为基础，挖掘客户信息并管理信用风险。互联网金融主要通过网络生成和传播信息，通过搜索引擎对信息进行组织、排序和检索，通过云计算处理信息，有针对性地满足用户在信息挖掘和信用风险管理上的需求。二是以点对点直接交易为基础进行金融资源配置。资金和金融产品的供需信息在互联网上发布并匹配，供需双方可以直接联系和达成交易，交易环境更加透明，交易成本显著降低，金融服务的边界进一步拓展。三是通过互联网实现以第三方支付为基础的资金转移，第三方支付机构的作用日益突出。

我国互联网金融发展的三个阶段。第一个阶段是2005年以前，互联网与金融的结合主要体现为互联网为金融机构提供技术支持，帮助银行“把业务搬到网上”，还没有出现真正意义的互联网金融业态。第二个阶段是2005年后，网络借贷开始在我国萌芽，第三方支付机构逐渐成长起来，互联网与金融的结合开始从技术领域深入到金融业务领域。这一阶段的标志性事件是2011年人民银行开始发放第三方支付牌照，第三方支付机构进入了规范发展的轨道。第三个阶段从2012年开始。2013年被称为“互联网金融元年”，是互联网金融得到迅猛发展的一年。自此，P2P网络借贷平台快速发展，众筹融资平台开始起步，第一家专业网络保险公司获批，一些银行、券商也以互联网为依托，对业务模式进行重组改造，加速建设线上创新型平台，互联网金融的发展进入了新的阶段。

二、我国互联网金融发展的积极意义

一是有助于发展普惠金融，弥补传统金融服务的不足。互联网金融的市场定位主要在“小微”层面，具有“海量交易笔数，小微单笔金额”的特征，这种小额、快捷、便利的特征，具有普惠金融的特点和促进包容性增长的功能，在小微金融领域具有突出的优势，一定程度上填补了传统金融覆盖面的空白。因此，互联网金融和传统金融相互促进、共同发展，既有竞争又有合作，两者都是我国多层次金融体系的有机组成部分。

二是有利于发挥民间资本作用，引导民间金融走向规范化。我国民间借贷资本数额庞大，长期以来缺乏高效、合理的投资方式和渠道，游离于正规金融监管体系之外，客观上需要阳光化、规范化运作。通过规范发展P2P网贷、众筹融资等，引导民间资本投资于国家鼓励的领域和项目，遏制高利贷，盘活民间资金存量，使民间资本更好地服务实体经济。众筹股权融资也体现了多层次资本市场的客观要求。

三是满足电子商务需求，扩大社会消费。2013年8月，国务院发布的《关于促进信息消费扩大内需的若干意见》提出，到2015年，电子商务交易额要超过18万亿元，网络零售交易额要突破3万亿元。电子商务对支付方便、快捷、安全性的要求，推动了互联网支付特别是移动支付的发展；电子商务所需的创业融资、周转融资需求和客户的消费融资需求，促进了网络小贷、众筹融资、P2P网贷等互联网金融业态的发展。电子商务的发展催生了金融服务方式的变革，与此同时，互联网金融也推动了电子商务的发展。

四是有助于降低成本，提升资金配置效率和金融服务质量。互联网金融利用电子商务、第三方支付、社交网络形成的庞大的数据库和数据挖掘技术，显著降低了交易成本。互联网金融企业不需要设立众多分支机构、雇佣大量人员，大幅降低了经营成本。互联网金融提供了有别于传统银行和证券市场的新融资渠道，以及全天候、全方位、一站式的金融服务，提升了资金配置效率和服务质量。

五是有助于促进金融产品创新，满足客户的多样化需求。互联网金融的快速发展和理念创新，不断推动传统金融机构改变业务模式和服务方式，也密切了与传统金融之间的合作。互联网金融企业依靠大数据和云计算技术，能够动态了解客户的多样化需求，计量客户的资信状况，有助于改善传统金融的信息不对称问题，提升风险控制能力，推出个性化金融产品。

三、我国互联网金融的主要业态

（一）互联网支付

互联网支付是指通过计算机、手机等设备，依托互联网发起支付指令、转移资金的服务，其实质是新兴支付机构作为中介，利用互联网技术在付款人和收款人之间提供的资金划转服务。典型的互联网支付机构是支付宝。

互联网支付主要分为三类：一是客户通过支付机构链接到银行网银，或者在电脑、手机外接的刷卡器上刷卡，划转银行账户资金。资金仍存储在客户自身的银行账户中，第三方支付机构不直接参与资金划转。二是客户在支付机构开立支付账户，将银行账户内的资金划转至支付账户，再向支付机构发出支付指令。支付账户是支付机构为客户开立的内部账务簿记，客户资金实际上存储在支付机构的银行账户中。三是“快捷支付”模式，支付机构为客户开立支付账户，客户、支付机构与开户银行三方签订协议，将银行账户与支付账户进行绑定，客户登录支付账户后可直接管理银行账户内的资金。该模式中资金存储在客户的银行账户中，但是资金操作指令通过支付机构发出。目前，互联网支付发展迅速，截至2013年8月，在获得许可的250家第三方支付机构中，提供互联网支付服务的有97家。2013年，支付机构共处理互联网支付业务153.38亿笔，金额总计达到9.22万亿元。互联网支付业务的应用范围也从网上购物、缴费等传统领域，逐步渗透到基金理财、航空旅游、教育、保险、社区服务、医疗卫生等。

（二）P2P网络借贷

P2P网络借贷指的是个体和个体之间通过互联网平台实现的直接借贷。P2P网络借贷平台为借贷双方提供信息流通交互、撮合、资信评估、投资咨询、法律手续办理等中介服务，有些平台还提供资金移转和结算、债务催收等服务。典型的P2P网贷平台机构是宜信和人人贷。

传统的P2P网贷模式中，借贷双方直接签订借贷合同，平台只提供中介服务，不承诺放贷人的资金保障，不实质参与借贷关系。当前，又衍生出“类担保”模式，当借款人逾期未还款时，P2P网贷平台或其合作机构垫付全部或部分本金和利息。垫付资金的来源包括P2P平台的收入、担保公司收取的担保费，或是从借款金额扣留一部分资金形成的“风险储备金”。此外，还有“类证券”、“类资产管理”等其他模式。我国的P2P网贷从2006年起步，截至2013年末，全国范围内活跃的P2P网贷平台已超过350家，累计交易额超过600亿元。从规模和经营状况看，平台公司的门槛较低，注册资本多为数百万元，从业人员总数多为几十人，单笔借款金额多为几万元，年化利率一般不超过24%。

（三）非P2P的网络小额贷款

非P2P的网络小额贷款（以下简称“网络小贷”）是指互联网企业通过其控制的小额贷款公司，向旗下电子商务平台客户提供的小额信用贷款。典型代表如阿里金融旗下的小额贷款公司。

网络小贷凭借电商平台和网络支付平台积累的交易和现金流数据，评估借款人资信状况，在线审核，提供方便快捷的短期小额贷款。例如，阿里巴巴所属的网络小贷向淘宝卖家提供小额贷款，旨在解决淘宝卖家的短期资金周转问题。截至2013年末，阿里金融旗下三家小额贷款公司累计发放贷款1 500亿元，累计客户数超过65万家，贷款余额超过125亿元。

（四）众筹融资

众筹融资（Crowd Funding）是指通过网络平台为项目发起人筹集从事某项创业或活动的小额资金，并由项目发起人向投资人提供一定回报的融资模式。典型代表如“天使汇”和“点名时间”。

众筹融资平台扮演了投资人和项目发起人之间的中介角色，使创业者从认可其创业或活动计划的资金供给者中直接筹集资金。按照回报方式不同，众筹融资可分为以下两类：一是以投资对象的股权或未来利润作为回报，如“天使汇”；二是以投资对象的产品或服务作为回报，如“点名时间”。众筹融资在我国起步时间较晚，目前约有21家众筹融资平台。其中“天使汇”自创立以来累计有8 000个创业项目入驻，通过审核挂牌的企业超过1 000家，创业者会员超过20 000人，认证投资人达840人，融资总额超过2.5亿元。

（五）金融机构创新型互联网平台

金融机构创新型互联网平台可分为以下两类：一是传统金融机构为客户搭建的电子商务和金融服务综合平台，客户可以在平台上进行销售、转账、融资等活动。平台不赚取商品、服务的销售差价，而是通过提供支付结算、企业和个人融资、担保、信用卡分期等金融服务来获取利润。目前这类平台有建设银行“善融商务”、交通银行“交博汇”、招商银行“非常e购”以及华夏银行“电商快线”等。二是不设立实体分支机构，完全通过互联网开展业务的专业网络金融机构。如众安在线财产保险公司仅从事互联网相关业务，通过自建网站和第三方电商平台销售保险产品。

（六）基于互联网的基金销售

按照网络销售平台的不同，基于互联网的基金销售可以分为两类：一是基于自有网络平台的基金销售，实质是传统基金销售渠道的互联网化，即基金公司等基金销售机构通过互联网平台为投资人提供基金销售服务。二是基于非自有网络平台的基金销售，实质是基金销售机构借助其他互联网机构平台开展的基金销售行为，包括在第三方电子商务平台开设“网店”销售基金、基于第三方支付平台的基金销售等多种模式。其中，基金公司基于第三方支付平台的基金销售本质是基金公司通过第三方支付平台的直销行为，使客户可以方便地通过网络支付平台购买和赎回基金。以支付宝“余额宝”和腾讯“理财通”为例，截至2014年1月15日，“余额宝”规模突破2 500亿元，用户数超过4 900万；“理财通”1月22日登录微信平台，不到10天规模已突破100亿元。

四、互联网金融监管的国际经验

（一）互联网支付监管

各国通常要求支付机构获得支付业务许可后方准营业，但其准入门槛一般低于银行牌照的申领要求。各国对业务监管主要强调反洗钱、沉淀资金托管、重要信息披露、消费者权益保护等。

美国非金融机构支付服务实施联邦和州两级监管，监管重点是消费者权益保护、信息报告、反洗钱和打击金融犯罪等。英国金融行为管理局（FCA）要求，包括互联网支付机构在内的所有支付机构需注册并符合相关的审慎监管要求。法国第三方支付机构由法国银行监管局会同法国央行，根据《欧盟电子货币指引Ⅱ》的相关规定进行监管，第三方支付机构应当满足实缴股本、高管资质、公司治理和内控机制方面的准入要求。德国《支付服务监管法》规定，第三方支付机构应获得联邦金融管理局（BaFin）颁发的电子货币机构牌照，并且不能发放贷款，支付过程中的沉淀资金需要委托第三方托管或提供担保，遵守反洗钱规定。日本《资金清算法》规定，从事支付业务的非银行机构必须获得金融厅的许可，单笔业务资金不得超过100万日元。

（二）P2P网络借贷监管

各国对P2P网络借贷监管主要有两种做法：一是金融监管机关根据法定职责，各司其职，制定适度和有针对性的监管规则；二是要求P2P平台申领银行牌照，适用银行业的监管规则严格监管。

美国P2P网络借贷的特点是放贷人不直接向借款人发放贷款，而是由P2P平台向放贷人出售与贷款相对应的收益权凭证。因此，个人通过购买平台的贷款份额参与放贷的行为，被美国证监会（SEC）认定为证券投资行为，受证券法约束。英国P2P网贷适用《消费信贷法》，相关专门立法正在积极推进中，未来的监管原则包括：平台在提供贷款前应向借款人提供贷款安排的详细解释，确定主要风险，平台应在贷款之前对借款人的信用状况进行评估等。法国和德国都没有对P2P网贷进行专门监管，而是根据银行法规定进行监管，任何机构以任何形式提供存款或贷款等银行类业务，都必须获得银行牌照。日本主要通过“地下金融对策”系列法律对P2P网贷进行监管，强化市场准入规则，规定贷款利息上限，防止借款人过度借贷，强化对高利贷、无登记营业、违法发布放贷广告和开展劝诱活动等行为的处罚力度。

（三）众筹融资监管

各国对众筹融资的发展通常持鼓励、支持态度，但监管尺度有所不同，在一定程度上体现了适度监管的理念。

美国《创业企业融资法案》允许小企业通过众筹融资获得股权资本，对符合条件的众筹融资可以豁免证券法下的发行注册要求。英国目前认可众筹股权融资的合法性，但并没有针对众筹融资的特别立法，而是将其纳入现有的金融监管框架监管。法国金融市场监管局和银行监管局于2013年5月联合发布了《众筹融资指引》，规定涉及证券认购或股权投资的，应遵守证券法律；涉及贷款的，应遵守银行法规。德国《资本投资法》规定，任何机构接受委托帮助他人发行证券或投资产品，都必须申请金融业务牌照。2013年3月，欧盟委员会公布“欧洲经济长期融资绿皮书”，提出要支持众筹融资等非传统融资方式。日本对众筹融资的监管主要适用《金融商品销售法》及《金融商品交易法》。

（四）金融机构创新型互联网平台和基于互联网的基金销售监管

一些国家对金融机构通过互联网平台销售的金融产品增加了额外的监管要求，例如，法国规定网络保险客户可以在14天内无偿退保。部分国家对于互联网的基金销售参照传统渠道的基金销售来进行监管，主要强调以下两点：一是产品代销机构向客户推荐产品时，必须充分了解其需求和投资情况，保证客户需求与风险预期相匹配。二是对理财顾问的执业方式作出规定，避免理财顾问所在机构与其客户存在潜在的利益冲突，保护投资者权益。

五、我国互联网金融监管应遵循五大原则

目前，互联网应用的大众化和金融服务的普惠功能提升已经呈深度融合、相互促进的大趋势，互联网金融创新有利于发展普惠金融，有旺盛的市场需求，应当给予积极支持，也应当占有相应的市场份额。对一些新的业务要留有观察期，冷静地分析总结，一切有利于服务实体经济和促进创业增长的金融创新均应受到尊重和鼓励。但必须清醒地认识到互联网金融的金融功能属性和金融风险属性，把失误可能引发的风险控制在可预期、可承受的范围内。这需要坚持底线思维，加强规范管理，促进以创新为动力的这一新型金融服务业态在可持续的轨道上健康发展。

一是互联网金融创新必须坚持金融服务实体经济的本质要求，合理把握创新的界限和力度。包括互联网金融在内的金融创新必须以市场为导向，以提高金融服务能力和效率、更好地服务实体经济为根本目的，不能脱离金融监管、脱离服务实体经济抽象地谈金融创新。互联网金融中的网络支付应始终坚持为电子商务发展服务和为社会提供小额、快捷、便民的小微支付服务的宗旨；P2P和众筹融资要坚持平台功能，不得变相搞资金池，不得以互联网金融名义进行非法吸收存款、非法集资、非法从事证券业务等非法金融活动。

二是互联网金融创新应服从宏观调控和金融稳定的总体要求。包括互联网金融在内的一切金融创新，均应有利于提高资源配置效率，有利于维护金融稳定，有利于稳步推进利率市场化改革，有利于央行对流动性的调控，避免因某种金融业务创新导致金融市场价格剧烈波动，增加实体经济融资成本，也不能因此影响银行体系流动性转化，进而降低银行体系对实体经济的信贷支持能力。

三是要切实维护消费者的合法权益。互联网金融企业开办各项业务，应有充分的信息披露和风险揭示，任何机构不得以直接或间接的方式承诺收益，误

导消费者。开办任何业务，均应对消费者权益保护作出详细的制度安排。

四是要维护公平竞争的市场秩序。在市场经济条件下，公平竞争是保证市场对资源配置起决定性作用的必然要求。在线上开展线下的金融业务，必须遵守线下现有的法律法规，必须遵守资本约束。不允许存在提前支取存款或提前终止服务而仍按原约定期限利率计息或收费标准收费等不合理的合同条款。任何竞争者均应遵守反不正当竞争法的要求，不得利用任何方式诋毁其他竞争方。

五是要处理好政府监管和自律管理的关系，充分发挥行业自律的作用。抓紧推进"中国互联网金融协会"的成立，充分发挥协会的自律管理作用，推动形成统一的行业服务标准和规则，引导互联网金融企业履行社会责任。互联网金融行业的大型机构在建立行业标准、服务实体经济、服务社会公众等方面，应起到排头兵和模范引领作用。

专题三

金融业经营模式和监管格局发展趋势

近年来，我国改革开放日益深化，金融市场化程度持续提升，金融机构竞争日趋激烈，新型金融业态不断涌现，对金融业的经营和监管格局产生了深远影响。在深入贯彻落实党的十八届三中全会精神、全面深化改革的历史条件下，要继续积极稳妥推进金融业综合经营试点，形成综合化与差异化经营协调发展的格局，进一步完善金融监管体制，增强监管的针对性和有效性，切实防范系统性风险，维护金融稳定和安全。

一、金融业经营模式和监管体制变革

从世界范围看，金融业经营模式主要包括综合经营和分业经营两种。综合经营指银行业、证券业、保险业等金融机构可以跨业经营，大致有全能银行和金融集团两种模式：全能银行（Universal Banking）指银行业、证券业、保险业中两种或两种类型以上的金融服务由一个金融机构提供；金融集团（Financial Conglomerate）指集团由母、子公司共同构成，金融业务在集团占比超过50%。金融集团又可分为母子公司和金融控股公司两类。母子公司由金融机构作为母公司，跨业投资、控股不同行业子公司；金融控股公司（Financial Holding Company）自身不从事具体金融业务，同时控股不同行业的金融机构。分业经营指银行业、证券业、保险业等金融机构只能在自身行业范围内开展业务。在分业经营的基本业态下，金融机构可通过开展资产管理等跨行业、跨市场业务，实现一定程度的综合经营。金融业经营模式的变化对金融监管体制的变迁产生一定影响，但没有必然的对应关系。金融监管体制从不同角度可分为统一监管和分业监管、机构监管和功能监管等。

20世纪30年代之前，在市场竞争推动下，世界各国金融业大都自发开展综合经营。美国在“大萧条”后，于1933年颁布《格拉斯—斯蒂格尔法》，要求商业银行业务与投资银行业务严格分离，标志着全球进入分业经营阶段。但是在这一时期，以德国为代表的欧洲大陆国家仍然实行全能银行制度。20世纪80年代，受金融自由化浪潮以及金融“脱媒”趋势的推动，英国推行金融大变革，商业银行通过跨业并购构建起综合性金融服务集团，继而在1998年将英格兰银行的监管权转移给英国金融服务局。20世纪90年代，日本也开始允许金融机构以金融控股公司和交叉性金融业务等形式开展综合经营，2000年成立金融服务厅统一监管金融市场。1999年美国颁布《金融服务现代化法》，允许管理和资本状况良好的银行控股公司转化为金融控股公司，相应建立了牵头监管与功能监管结合的伞形监管体制，世界再次全面回归综合经营。

2008年国际金融危机爆发后，国际准则制定机构和主要经济体进行了一系列监管改革，改进和强化监管，金融业综合经营面临新的、更严格的监管规范与约束。

限制商业银行从事高风险业务。针对金融机构过度承担风险等问题，主要国家和地区均提出以“业务隔离”为核心的银行业改革方向。美国“沃尔克规则”限制银行业实体开展证券、衍生品、商品期货等高风险自营业务，规定商业银行投资对冲基金和私募股权基金的规模不得超过银行一级资本的3%。英国银行业改革法案要求银行集团在内部设立独立实体分别开展零售银行和投资银行业务，规定只有“零售银行”才能吸收普通个人和中小企业的存款，并对其经营地域、业务、交易对手进行限制。欧盟银行业结构改革高级专家组建议在银行集团内部由相互独立的“交易实体”和“存款银行”分别开展特定的高风险交易业务和存贷款业务。在此背景下，大型金融集团重新审视发展战略，综合考虑监管要求和自身盈利需要，调整管理模式，部分集团收缩业务、网点和人员，逐步回归核心业务领域。但值得注意的是，这些集团并未严格分离银行、证券、保险业务，仍然注重综合运用多种金融工具将服务延伸到客户需求的多个方面。

构建宏观审慎管理制度。危机暴露了微观审慎监管在保证整个金融体系稳健运行方面的不足，而宏观审慎管理既防范金融体系内部相互关联可能导致的风险传递，又关注金融体系在跨经济周期中的稳健状况，成为危机后金融监管改革的重要方向。美国设立金融稳定监督委员会，英国在英格兰银行下设金融政策委员会，欧盟成立欧洲系统性风险委员会，德国成立金融稳定委员会，负责宏观审慎管理，防范和化解系统性风险。宏观审慎政策也在逐步完善，包括加强逆周期的资本和流动性监管，建立系统重要性金融机构和影子银行监管体系，降低会计准则的顺周期性，推动标准化场外衍生品合约集中清算，对非集中清算合约提出更高的资本要求等。

强化中央银行的监管职能。国际金融危机表明，分离中央银行的金融监管职能，不利于其及时、准确、全面获取金融业信息，也不利于其前瞻性地化解风险并进行有序的风险处置。危机后，金融监管改革重新强调了货币政策、金融稳定和金融监管之间的协调统一，突出了央行在防范和化解系统性风险中的职能和作用。美国将金融稳定监督委员会（FSOC）指定的非银行金融机构纳入美联储的监管范围。英国撤销金融服务局，由英格兰银行统一负责微观审慎监管和宏观审慎管理。欧盟建立银行业单一监管机制，由欧央行对欧元区大型银行进行直接监管，其他银行由各国监管当局监管。三大欧盟金融监管机构

（欧盟银行业监管局、欧盟保险业和职业年金监管局、欧盟证券业监管局）负责在欧盟层面制定统一的监管规则。俄罗斯撤销金融市场局，组建隶属于中央银行的金融监管委员会，统一监管整个金融体系。韩国修订《韩国银行法》，大幅强化中央银行的金融稳定职能。

加强系统重要性金融机构监管和风险处置。国际社会从强化监管和完善风险处置两方面着力降低"大而不能倒"金融机构的风险。2011年11月，巴塞尔银行监管委员会（BCBS）从全球活跃性、规模、关联性、可替代性、复杂性五方面评估全球系统重要性银行，按照重要性程度实施1%~2.5%的额外资本要求，并于2012年11月提出国内系统重要性银行评估的12项原则。2013年7月，国际保险监督官协会（IAIS）发布全球系统重要性保险机构评估方法和政策措施，金融稳定理事会（FSB）公布了首批入选名单。2011年11月，FSB发布《金融机构有效处置的核心要素》，要求系统重要性金融机构制定恢复和处置计划，建立全球跨境处置合作机制。2012年12月，美国联邦存款保险公司和英格兰银行联合发布了处置全球性银行的首个跨境合作方案。

促进金融监管协调与合作。针对信息沟通不畅、政策协调不力、危机应对迟缓等问题，各国普遍加强了金融监管协调机制建设，强调不同监管主体之间应加强监管标准、政策和信息等的沟通协调。美国FSOC负责协调解决各成员部门争端，美联储、联邦存款保险公司、消费者金融保护局、货币监理署、全国信用社管理局签订备忘录，协调获得联邦存款保险且资产规模在100亿美元以上银行的重要监管信息。英国金融政策委员会（FPC）负责宏观审慎监管，专注于识别、监测和管理系统性风险，同时给予FCA和PRA金融稳定方面的指导和建议。FPC由英格兰银行行长任主席，成员包括货币政策委员会、审慎监管局、金融行为局主席，各部门要向国会报告沟通和监管协调情况。欧盟要求欧洲系统性风险委员会与银行、证券、保险三家微观审慎监管机构建立信息沟通机制。

总体而言，在国际金融监管规则和标准进一步明确和强化的情况下，金融业综合经营会继续存在，并遵循新的监管要求规范发展。国际上出现了一些分拆大型银行、甚至恢复《格拉斯—斯蒂格尔法》的观点，但从可行性和金融业自身发展规律来看，金融业很难回归分业状态，实践表明，综合经营有利于金融机构保持盈利稳定，提高综合竞争力，满足客户多元化需求，目前国际前20大银行集团、前20大保险公司均拥有多元化的业务结构和经营模式。危机后强化金融监管的主要目的是防范金融机构"大而不能倒"风险，保护存款人资金安全，使其组织架构和公司治理更加清晰透明，确保风险可控。

二、我国金融业经营模式和监管体制的形成及现状

1978年党的十一届三中全会后，我国金融业曾经历了多元化经营的发展阶段，但由于规则缺失、内控机制不健全、会计准则不完善、监管不足等原因，在当时的金融生态环境下，金融业出现了混乱现象。1993年党的十四届三中全会提出“银行业与证券业实行分业管理”。1995年颁布的《中华人民共和国中国人民银行法》、《中华人民共和国商业银行法》、《中华人民共和国保险法》以及1998年颁布的《中华人民共和国证券法》进一步明确了金融业分业经营、分业管理的原则。随着证监会、保监会、银监会相继成立，2003年“一行三会”的分业监管体制最终形成。进入21世纪，我国经济金融的对外开放程度不断提高，金融业综合经营的要求和动力日益增强。2006年和2011年，国家“十一五”和“十二五”规划相继提出“稳步”和“积极稳妥”推进金融业综合经营试点。2012年全国金融工作会议再次强调，“要总结经验，建章立制，加强监管，防范风险，积极稳妥推进综合经营试点工作”。在政策和市场力量的共同作用下，我国金融业综合经营稳步发展。

金融机构跨业投资步伐加快。截至2013年末，已有13家商业银行投资基金管理公司，15家商业银行投资金融租赁公司，4家商业银行投资信托公司，7家商业银行投资保险公司，6家商业银行持有境外投资银行牌照，2家商业银行持有境内投资银行牌照，3家商业银行设立消费金融公司。5家证券公司持有商业银行股权，1家证券公司投资信托公司，49家证券公司参控股基金公司，71家证券公司参控股期货公司。5家保险集团投资控股了商业银行、信托公司、证券公司和基金管理公司等。

不同形式的金融控股公司逐步形成。2005年和2008年，国务院先后批准设立银河金融控股公司和光大金融控股公司。经过多年发展，中信、光大、平安集团发展成为实质性的金融控股公司。天津泰达国际集团、上海国际集团等地方性金融控股公司相继组建。资产管理公司正在向金融控股公司转型。

投资金融业的企业集团日益增多。企业集团通过新设、并购、控股、参股等方式进入金融领域。目前，有数十家央企共投资、控股、参股了金融子公司，涉及商业银行、财务公司、信托公司、金融租赁公司、证券公司、保险公司等领域。约10家央企在集团内设立了专门管理金融业务的公司，如中航投资控股股份有限公司、英大国际控股集团、华能资本服务公司等。复星集团、万向集团等民营企业和上市公司对多类金融机构进行股权投资、形成实质控制，也具有金融控股公司的特点。

交叉性金融产品加速发展。商业银行、信托公司、证券公司、基金管理公

司、保险公司等均开展了理财或资产管理业务。截至2013年末，银行理财产品和信托管理资产规模均突破10万亿元，证券公司管理受托资金规模达5.2万亿元。期货公司的资产管理业务开始起步，银信、银证、银保、证保合作不断深化。

互联网金融快速发展促进综合经营。以移动互联网、大数据、云计算等为代表的信息技术迅速发展，逐步重塑传统金融的经营模式，银行、证券、保险等行业的相互交叉和融合更加便捷。同时，阿里巴巴等互联网企业陆续进入传统的金融业务领域，在支付结算、小微贷款、销售渠道等方面取得进展，有些企业的业务已经涉及银行、证券和保险领域，一定程度上实行了综合化经营。

综合经营监管制度不断完善。在推进金融业综合经营试点的过程中，人民银行、银监会、证监会、保监会等部门陆续发布了《商业银行设立基金管理公司试点管理办法》、《信贷资产证券化试点管理办法》、《银行并表监管指引（试行）》、《保险集团公司管理办法（试行）》、《保险机构投资设立基金管理公司试点办法》等规章。同时，金融监管协调机制建设稳步推进，按照国务院要求，2013年8月人民银行会同银监会、证监会、保监会、外汇局建立了金融监管协调部际联席会议制度。

我国金融业综合经营之所以获得较快发展，是经济社会发展和金融业改革创新到一定阶段的客观需要，也顺应了全球化背景下金融业的发展趋势。首先，综合经营满足了新形势下金融业开展“一站式”金融服务的需要。客户的金融需求已不局限于存、贷、汇等传统业务，而是包括投资银行、保险业务在内的全面金融解决方案。和分业经营相比，综合经营可提供全方位的金融服务，更便捷地满足顾客需求。其次，综合经营是金融机构拓展多元化收入的需要。对金融机构而言，综合经营具有规模经济和范围经济的优势，可以实现协同效应、降低成本。随着利率市场化改革的逐步深入，商业银行难以继续依赖传统的存贷利差盈利模式，迫切需要开展多样化业务获得新的收入来源，提升抗风险能力。最后，我国开展金融业综合经营是应对国际竞争的现实需要。国际上大型金融机构一般都以不同的形式实现综合经营，在客户营销、业务推广时具有更强的竞争力和品牌优势。我国金融机构通过综合经营，可以充分发挥网点和客户资源多的优势，改善单一业务结构，提升盈利能力，以此提高国际竞争力，实现由大到强的转变。

三、我国金融业发展面临的形势和挑战

改革开放以来，我国金融业发生了历史性变化，金融机构改革迈出重大步

伐，多层次资本市场体系建设持续推进，金融领域对外开放稳步扩大，金融业的资产规模、抗风险能力和服务水平不断提高，有力支持了国民经济的持续发展，但在经济结构调整和转型升级的新阶段，金融业经营和监管也面临诸多挑战。

经济结构调整步伐加快，金融服务实体经济能力有待提高。我国金融业的快速发展很大程度上得益于持续稳定的经济增长。当前，随着结构调整和转型升级的推进，经济增长需要由主要依靠投资、出口拉动向依靠消费拉动转变。实现金融服务于实体经济的本质要求，迫切需要金融业加大创新力度，优化小微企业和“三农”领域的金融服务，支持城镇化、重点行业和民生领域建设，加快构建多层次资本市场，扩大保险覆盖范围。

服务需求多元化，金融产品和业务亟待创新。随着我国经济的持续高增长，全社会财富保值增值的需求不断增加。2013年，我国人均GDP已经超过6 000美元，家庭金融资产的配置日趋多样化，银行存款占比已不足60%，需要进一步丰富可投资金融产品。尽管企业的债券融资比重上升，股票、国债持有量增加，仍需要多元化的金融产品来改善资产负债结构。社保基金、养老基金、保险资金、住房公积金的投资运营也为财富管理市场带来发展机遇，迫切需要金融机构加快组织结构、业务产品和服务模式创新，满足各类金融服务需求。

市场化改革逐步深化，金融业亟须转变经营方式。2013年以来，我国利率、汇率等市场化改革加速推进，金融机构面临发展转型、强化风险管理的迫切要求。目前，金融业经营方式依然粗放，整体效率偏低，特别是商业银行以利差收入为主的盈利模式没有根本改变，上市商业银行利息收入平均占比仍在80%以上。在利差收窄、利率波动加大的冲击下，商业银行盈利增速放缓，资本补充压力加大，需要转变经营方式，提高综合业务水平和持续盈利能力。

行业合作日益密切，创新领域监管不足。近年来，银信、银证、银保等行业合作不断加强，在满足实体经济的融资需求、促进直接融资发展方面发挥了积极作用。但是，也有部分机构借此规避宏观调控和金融监管。货币市场、债券市场和股票市场的关联性加大，市场波动和风险容易跨行业、跨市场传递。目前，防范创新领域风险的监管体制还有待完善，交叉性金融业务的政策协调和综合统计有待加强，金融控股公司存在一定程度的监管真空。

民间投融资市场壮大，风险传递不容忽视。近年来，我国小额贷款公司、典当行、融资性担保公司、农村资金互助合作社等具有融资功能的非金融机构发展迅速，民间投融资活动也日渐活跃，有力支持了小微企业、“三农”发展和经济结构调整。但是，一些机构内控薄弱，短期逐利倾向明显，如果监管不足，容易出现非法集资、高利贷和诈骗风险，扰乱正常的金融秩序，引发群体性事件，甚至向正规金融体系传递风险。

四、进一步完善我国金融业经营模式和监管体制

我国推进金融业综合经营试点已近十年，综合经营已成为金融体系中的现实存在，发展良好、风险可控。现行分业监管体制总体上符合我国经济金融发展的阶段特点和要求，但随着金融业改革开放程度以及服务实体经济要求的不断提高，也暴露出监管真空和监管不足等问题。为此，要借鉴国际经验，继续深化改革，积极稳妥推进金融业综合经营试点，树立宏观审慎管理理念，进一步完善金融监管体制和制度，保障金融业持续健康发展。

坚持市场化改革方向，继续积极稳妥推进金融业综合经营试点。综合经营是实现我国金融机构由大到强转变、促进金融业持续健康发展的动力。要充分发挥市场在金融资源配置中的决定性作用，减少对金融机构、产品市场准入的限制，允许金融机构根据自身优势自主选择市场定位和经营模式。在限制高风险业务的前提下对综合经营实行有序试点，选择具备一定资本实力、公司治理完善、内控和风险管理能力较强并拥有专业人才队伍的机构开展综合经营，打造具有综合竞争力的大型金融集团。允许金融机构依托主业传统优势，通过银证、银保、银基等行业合作发展交叉性金融业务、拓展服务领域，促进直接融资发展，推动形成层次合理、功能互补的金融市场体系。

探索将金融控股公司作为综合经营的重要模式，鼓励中小机构坚持专业化经营。“母公司控股、子公司分业经营”的金融控股公司模式有利于发挥综合经营优势并实现风险的有效管控，也能较好地适应分业经营和分业监管现状，可作为我国金融业综合经营试点的重要模式。对于实业企业投资金融业的，鼓励在企业集团内下设金融控股公司专门管理金融业务，实现实业与金融业的风险隔离。面对市场主体和客户需求的多元化，需改变金融机构的同质化经营格局。中小金融机构要区别于大型金融机构综合化的发展战略，在客户对象、区域定位、产品创新等领域培育自身的特色业务模式，避免盲目求大和跨区域扩张，形成差异经营、错位发展的竞争格局。

完善宏观审慎管理制度，加强监管协调。加强宏观审慎管理、强化中央银行监管职责和监管部门的宏观审慎视角、限制高风险金融业务等国际理念对我国完善金融监管体制具有重要的借鉴作用。当前，在综合经营较快发展的形势下，分业监管的难度加大。在尊重现状、发挥分业监管优势的同时，要树立全局视角，切实强化宏观审慎管理，考虑不同行业、不同市场之间的影响，把金

融行业视为一个整体，保持宏观整体稳定。完善监管协调机制，充分发挥金融监管协调部际联席会议制度功能，加强政策、措施、执行的统筹协调，形成监管合力。

明确金融控股公司的监管主体，加强整体监管。从有利于防范和化解整体风险的目标出发，统筹考虑机构监管和功能监管。明确金融控股公司及其子公司的监管主体，加快制定金融控股公司监管规则，强化资本充足监管，避免资本重复计算和资本套利，有效控制杠杆程度。规范关联交易，遵循市场公允定价和透明度原则，避免跨行业风险交叉传染。加强风险集中度监管，完善公司治理，强化对股东和管理层的资格要求，防范控股股东滥用控制权损害小股东和客户合法权益。

强化金融机构跨业投资监管，完善交叉性业务监管规则。提高并表监管能力，对大型金融机构建立更严格的监管标准，完善资本、杠杆率、流动性、风险拨备、并购投资等风险指标体系。规范跨业投资决策程序，在并表基础上设置合理的资本充足目标，加强全面风险管理能力监管。明确交叉性金融业务监管和风险防控的责任主体，制定业务规范和标准，建立综合统计体系，对同类交叉性业务适用统一的监管规则，减少监管套利。加强表内外业务的风险隔离，防止表外风险向表内传递。

规范发展民营金融机构，防范非正规金融体系的风险传递。在加强监管前提下，允许具备条件的民间资本依法发起设立中小型银行等金融机构，规范业务运营。进一步明确地方政府对小额贷款公司、融资性担保公司、典当行和区域性股权市场的管理职责，使其更好地支持小微企业、“三农”和县域经济发展。推动民间借贷规范化、阳光化，加强资金流向和运用的监测、引导和管理，形成与正规金融体系协调促进、风险隔离的市场体系。

附录一

银行业稳定状况定量分析：以17家主要商业银行为例

2013年，中国银行业继续保持稳健发展态势，资产规模、资本实力和风险管理水平不断提高，主要指标保持良好。为分析银行业经营状况，及时了解行业风险，我们选取资产总额占银行业金融机构①资产总额61%的17家主要商业银行②，分别从盈利能力、资产、负债、资本以及流动性等方面进行量化分析。③

一、盈利能力分析

（一）资本利润率（ROE）分解分析

2013年，主要商业银行ROE为20.05%，比上年下降0.67个百分点，已经连续两年下降。分解分析显示，这主要由于风险收益率和财务杠杆有所下降（见附表1-1），而边际利润率和业务风险水平略有上升。主要商业银行的业务风险水平连续三年上升，显示银行高风险资产占比上升，业务风险持续加大。边际利润率上升表明银行经营效率有所提高，风险收益率下降显示银行的风险管理水平下降，而财务杠杆连续四年下降，表明银行业稳健性持续增强。

附表1-1　　17家主要商业银行ROE分解项目简表

	边际利润率（%）		风险收益率（%）		业务风险水平（%）		财务杠杆		ROE（%）	
	2012	2013	2012	2013	2012	2013	2012	2013	2012	2013
17家主要商业银行	26.65	27.73	8.53	7.62	56.94	60.87	16.01	15.59	20.72	20.05
5家大型商业银行	29.22	30.36	8.15	7.29	55.77	60.28	15.52	14.97	20.60	19.98
12家股份制商业银行	21.11	22.24	9.50	8.42	60.09	62.35	17.51	17.36	21.11	20.27

注：$ROE=\frac{\text{税后净利润}}{\text{营业收入}}\times\frac{\text{营业收入}}{\text{平均风险加权资产}}\times\frac{\text{平均风险加权资产}}{\text{平均总资产}}\times\frac{\text{平均总资产}}{\text{平均所有者权益}}$

=边际利润率×风险收益率×业务风险水平×财务杠杆

对比显示，大型商业银行的ROE低于股份制商业银行。从ROE分解项目看，前者的边际利润率比后者高8.12个百分点，而风险收益率、业务风险水平

① 包括政策性银行、大型商业银行、股份制商业银行、城市商业银行、农村商业银行、农村合作银行、外资银行、城市信用社、农村信用社、非银行金融机构（信托投资公司、财务公司、金融租赁公司、汽车金融公司、货币经纪公司）、邮政储蓄银行。

② 包括5家大型商业银行（工商银行、农业银行、中国银行、建设银行、交通银行）和12家股份制商业银行（中信银行、光大银行、华夏银行、广东发展银行、平安银行、招商银行、上海浦东发展银行、兴业银行、民生银行、恒丰银行、浙商银行、渤海银行）。

③ 数据来源：中国人民银行、中国银监会，口径为法人汇总数据。

和财务杠杆较低。因此，股份制商业银行应进一步提高自身运营效率，降低业务风险，提升经营稳健性。而大型商业银行应改善风险管理水平。

2013年主要商业银行边际利润率和业务风险水平比上年分别上升4.03%和6.91%，风险收益率和财务杠杆分别下降10.66%和2.62%（见附图1–1）。其中，大型商业银行边际利润率和业务风险水平分别上升3.89%和8.08%，风险收益率和财务杠杆分别下降10.49%和3.5%；股份制商业银行的边际利润率和业务风险水平分别上升5.35%和3.76%，风险收益率和财务杠杆分别下降11.42%%和0.83%。

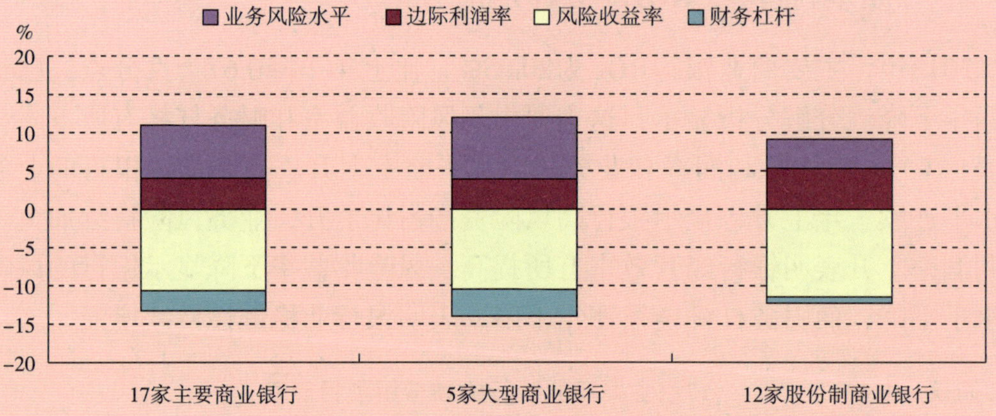

数据来源：中国银监会。

附图1–1　17家主要商业银行ROE分解项目波动情况

（二）收入结构分析

2013年，主要商业银行实现净营业收入2.8万亿元，增长11.32%。其中，大型商业银行2.02万亿元，增长9.11%；股份制商业银行0.78万亿元，增长17.49%（见附表1–2）。

净利息收入仍然是营业收入的主要来源。2013年，主要商业银行净利息收入增长8.17%，在净营业收入中占比56.66%，比上年下降1.65个百分点。其中，大型商业银行和股份制商业银行净利息收入分别增长10.16%和3.54%，比上年分别下降了3.2个和12.82个百分点。

中间业务收入增速有所上升。2013年，主要商业银行手续费净收入同比增长22.11%，增速比上年提高7.82个百分点，其中，大型商业银行增长12.7%，股份制商业银行增长54.96%。主要商业银行手续费净收入占比19.56%，比上年提高1.72个百分点，其中，大型商业银行手续费净收入占比比上年上升0.62

个百分点；股份制商业银行手续费净收入占比比上年上升4.79个百分点，已连续七年上升；股份制商业银行手续费净收入占比首次超过大型商业银行。

投资收益占比持续上升。2013年，商业银行境内外投资收益水平不断上升，主要商业银行投资收益同比增长12.94%，比上年下降11.14个百分点，债券投资收益同比增长12.58%，股权和其他投资收益同比增长16.18%。其中，大型商业银行投资收益增长5.14%，股份制商业银行投资收益增长42.79%。主要商业银行投资收益占净营业收入的22.45%，比上年上升0.32个百分点，其中大型商业银行下降0.87个百分点，股份制商业银行则上升3.73个百分点。

附表1–2　　17家主要商业银行净营业收入构成

单位：亿元，%

项目		17家主要商业银行		5家大型商业银行		12家股份制商业银行	
		2012年	2013年	2012年	2013年	2012年	2013年
余额	利息净收入	14 690.29	15 890.69	10 285.71	11 330.23	4 404.59	4 560.46
	手续费净收入	4 493.64	5 487.02	3 493.48	3 937.21	1 000.17	1 549.81
	投资收益	5 575.22	6 296.40	4 421.23	4 648.63	1 153.99	1 647.77
	其他业务收入	435.42	373.16	339.34	312.41	96.08	60.74
	净营业收入	25 194.58	28 047.27	18 539.75	20 228.48	6 654.82	7 818.79
占比	净利息收入	58.31	56.66	55.48	56.01	66.19	58.33
	手续费净收入	17.84	19.56	18.84	19.46	15.03	19.82
	投资收益	22.13	22.45	23.85	22.98	17.34	21.07
	其他业务收入	1.73	1.33	1.83	1.54	1.44	0.78
	净营业收入	100	100	100	100	100	100

数据来源：中国银监会。

（三）成本结构分析

2013年，主要商业银行营业支出①为10 904.63亿元，增长9.69%，其中大型商业银行7 782.1亿元，增长7.71%；股份制商业银行3 122.53亿元，增长14.95%。

① 营业支出包含营业费用、营业税金及附加和其他营业支出三项。

2013年，主要商业银行的成本收入比[①]为32.19%，比上年下降0.43个百分点，主要商业银行成本收入比连续七年下降，成本管理效率进一步提高（见附图1-2）。其中，大型商业银行为32%，比上年下降0.33个百分点；股份制商业银行32.69%，比上年下降0.76个百分点。主要商业银行净营业收入增长幅度比营业支出高1.63个百分点，其中大型商业银行和股份制商业银行净营业收入增速比营业支出分别高2个和2.54个百分点（见附图1-3）。

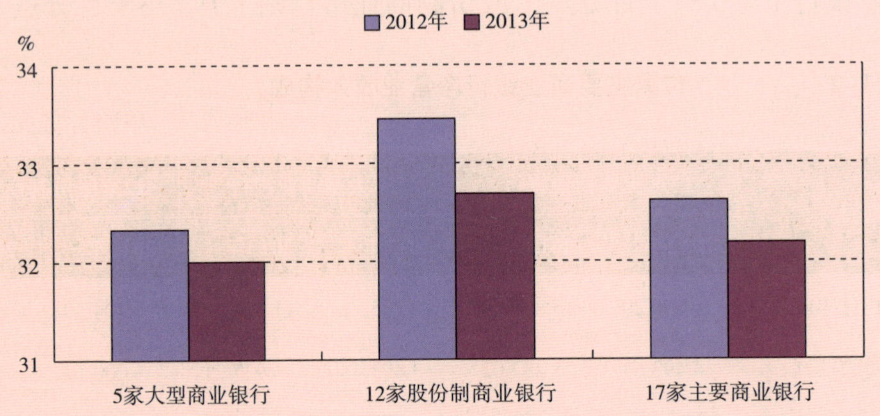

数据来源：中国银监会。

附图1-2　17家主要商业银行成本收入比

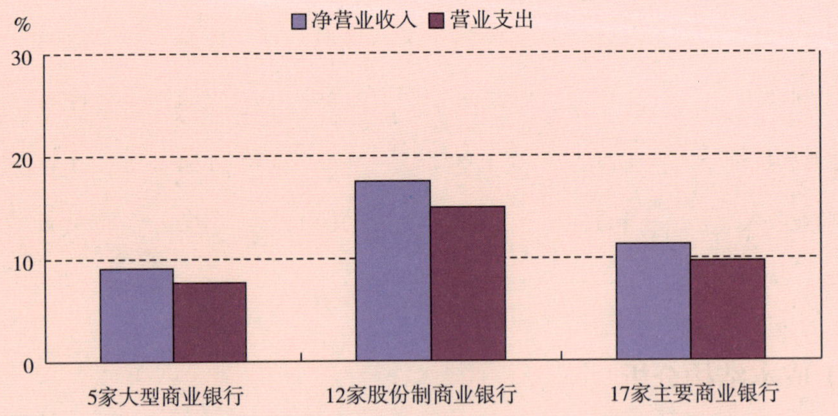

数据来源：中国银监会。

附图1-3　17家主要商业银行净营业收入、营业支出增速

① 成本收入比=（营业支出-营业税金及附加）/（利息净收入+手续费净收入+其他业务收入+投资收益）×100%。

二、资产分析

（一）总资产规模与结构

2013年，商业银行资产规模稳步增长，17家主要商业银行资产总额92.53万亿元，增长10.73%，占银行业金融机构资产总额的61%。其中，大型商业银行资产总额65.6万亿元，增长9.26%；股份制商业银行26.93万亿元，增长14.45%。

从资产构成上看，贷款和投资仍然是资产的主要组成部分，占比达66.58%。2013年，主要商业银行存放中央银行款项占总资产的比重同比下降0.89个百分点；贷款在总资产中占比上升了1.02个百分点；贸易融资占比上升了3.15个百分点；贴现占比下降3.37个百分点；存放同业占比下降了1.26个百分点；买入返售资产占比上升0.02个百分点；投资占比上升0.98个百分点（见附表1–3）。

附表1–3　　17家主要商业银行资产构成

单位：亿元，%

	金额		比率	
	2012	2013	2012	2013
存放中央银行款项	132 489.03	138 435.21	15.85	14.96
存放同业款项	35 709.11	27 891.48	4.27	3.01
贷款	377 590.44	427 530.35	45.18	46.20
贴现	9 567.38	8 070.41	4.24	0.87
贸易融资	35 450.75	39 683.97	1.14	4.29
拆放同业	20 130.81	22 945.59	2.41	2.48
投资	162 110.34	188 629.74	19.40	20.38
买入返售资产	49 560.37	55 033.71	5.93	5.95
其他	13 063.69	17 145.32	1.56	1.85
总资产	835 671.93	925 365.78	100.00	100.00

数据来源：中国银监会。

（二）贷款规模与质量

截至2013年末，主要商业银行各项贷款余额47.53万亿元，比年初增加5.27万亿元，增长12.47%。其中，大型商业银行各项贷款余额34.89万亿元，增长11.72%；股份制商业银行各项贷款余额12.64万亿元，增长14.6%。

截至2013年末，主要商业银行的不良贷款余额4 591.28亿元，比年初增加699.14亿元；不良贷款率0.97%，比年初上升0.05个百分点。其中，大型商业银行不良贷款率1%，比年初上升0.01个百分点；股份制商业银行不良贷款率0.86%，比年初上升0.14个百分点（见附图1-4）。

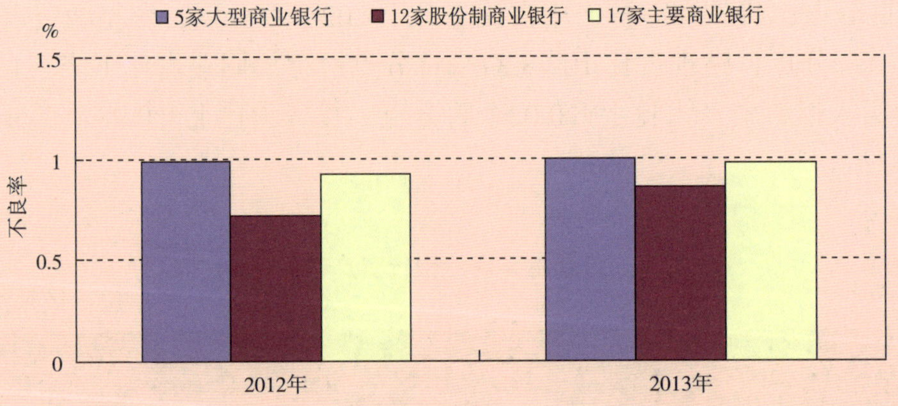

数据来源：中国银监会。

附图1-4　17家主要商业银行不良贷款率

（三）拨备覆盖率[①]

2013年，主要商业银行拨备覆盖率整体充足。截至年末，主要商业银行的整体拨备覆盖率为283.92%，同比下降15.69个百分点。其中，大型商业银行为290.42%，下降了5.31个百分点；股份制商业银行为263.07%，下降了51.61个百分点（附图1-5）。

① 拨备覆盖率=贷款损失准备/不良贷款余额×100%。

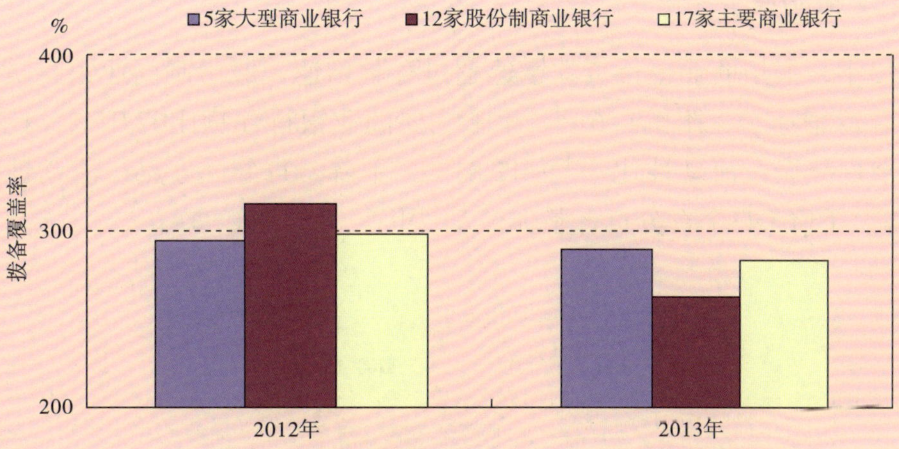

数据来源：中国银监会。

附图1–5 17家主要商业银行贷款拨备覆盖率

三、负债、资本与流动性

（一）负债规模与结构

截至2013年末，17家主要商业银行负债总额86.5万亿元，同比增长10.47%，占银行业金融机构负债总额的61.27%。其中，大型商业银行占比43.32%，同比下降1.56个百分点；股份制商业银行占比17.95%，同比上升0.17个百分点。

截至2013年末，主要商业银行存款余额70.93万亿元，同比增长10.55%。其中，单位存款增长11.38%，增速下降3.08个百分点；储蓄存款增长10.5%，增速下降4.63个百分点。2013年主要商业银行存款总额占负债总额的81.99%，同比上升0.05个百分点。

（二）资本与资本充足率

2013年末，17家主要商业银行全部达到银监会资本充足率监管要求。自2013年1月1日起，我国商业银行开始正式执行《商业银行资本管理办法（试行）》，资本充足率计算标准更为严格，但主要商业银行整体核心一级资本充足率仍达9.55%，资本充足率11.98%。随着银行留存收益和发行债券规模不断增大，2013年主要商业银行的资本净额明显增加，截至2013年末，主要商业银行的资本净额6.82万亿元，同比增加0.72万亿元，增长11.8%。

（三）流动性

2013年，大型商业银行贷款增速超过存款增速，股份制商业银行贷款增速也超过存款增速（见附图1-6）。年末主要商业银行存贷比67.01%，比上年增加1.14个百分点；流动性比率①为42.81%，下降2.04个百分点；流动性覆盖率120.65%，下降3.43个百分点，整体流动性仍较为充足。

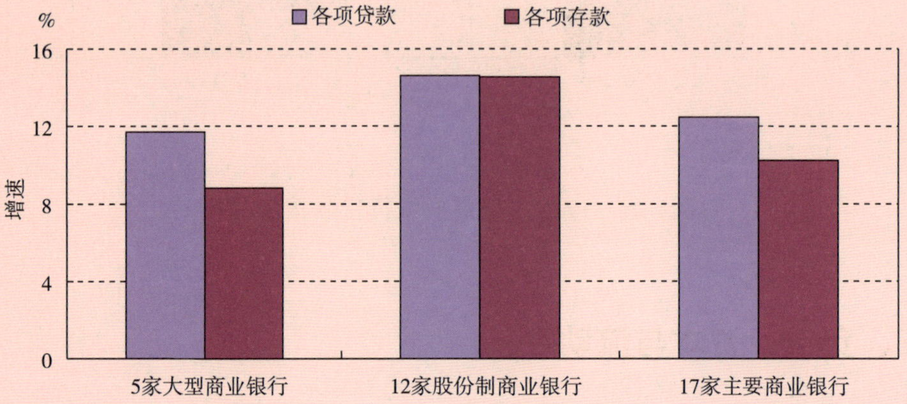

数据来源：中国银监会。

附图1-6　2013年17家主要商业银行存贷款增速

① 流动性比率=流动性资产/流动性负债×100%。

附录二

统计资料

附表2–1　　**主要宏观经济指标**

项　　目	2009	2010	2011	2012	2013
国内生产总值（亿元）	340 903	401 513	473 104	519 470	568 845
工业增加值	135 240	160 722	188 470	199 671	210 689
固定资产投资总额（亿元）	224 599	278 122	311 485	374 695	447 074
社会消费品零售总额（亿元）	132 678	156 998	183 919	210 307	237 810
货物进出口总额（亿美元）	22 075	29 740	36 419	38 671	41 600
出口	12 016	15 778	18 984	20 487	22 096
进口	10 059	13 962	17 435	18 184	19 504
差额	1 957	1 816	1 549	2 303	2 592
实际使用外商直接投资（亿美元）	900	1 057	1 160	1 117	1 176
外汇储备（亿美元）	23 991.5	28 473.4	31 811.0	33 116.0	38 213.0
居民消费价格指数（上年=100）	99.3	103.3	105.4	102.6	102.6
财政收入（亿元）	68 518.30	83 101.51	103 874.43	117 253.52	129 143
财政支出（亿元）	76 299.93	89 874.16	109 247.79	125 952.97	139 744
城镇居民人均可支配收入（元）	17 175	19 109	21 810	24 565	26 955
农村居民人均纯收入（元）	5 153	5 919	6 977	7 917	8 896
城镇就业人员(百万)	311.2	—	359.1	371.0	382.4
城镇登记失业率（%）	4.3	4.1	4.1	4.1	4.05
总人口（百万）	1 334.7	1 339.7	1 347.4	1 354.0	1 360.7

注：1.2009—2012年国内生产总值为最终核实数，2013年国内生产总值为初步核算数。
　　2.自2011年起，固定资产投资统计的起点标准从计划总投资50万元提高到500万元。
数据来源：根据《中国统计年鉴》和《中国国民经济和社会发展统计公报》等相关资料整理。

附表2–2 **主要金融指标（一）**
（年末余额）

单位：亿元

项　目	2009	2010	2011	2012	2013
M_2	606 225.0	725 851.8	851 590.9	974 148.8	1 106 525.0
M_1	220 001.5	266 621.5	289 847.7	308 673.0	337 291.1
M_0	38 246.0	44 628.2	50 748.5	54 659.8	58 574.4
金融机构各项存款	597 741.1	718 237.9	809 368.3	917 368.1	1 043 846.9
储蓄存款（城乡居民储蓄）	260 771.7	303 302.5	343 635.9	399 546.9	447 601.6
非金融企业存款（企业存款）	217 110.0	244 495.6	303 504.3	327 444.9	361 555.2
金融机构各项贷款	399 684.8	479 195.6	547 946.7	629 906.6	718 961.5

注：由于统计制度调整，自2011年起，“城乡居民储蓄”、“企业存款”分别替换为“储蓄存款”、“非金融企业存款”。
数据来源：中国人民银行。

附表2–3 **主要金融指标（二）**
（增长率）

单位：%

项　目	2009	2010	2011	2012	2013
M_2	27.68	19.73	13.61	13.80	13.59
M_1	32.35	21.19	7.85	6.49	9.27
M_0	11.77	16.69	13.76	7.71	7.16
金融机构各项存款	28.21	20.16	13.54	13.34	13.76
储蓄存款（城乡居民储蓄）	19.68	16.31	13.78	16.27	12.03
非金融企业存款（企业存款）	37.73	12.61	9.23	7.89	10.43
金融机构各项贷款	31.74	19.89	15.83	14.96	14.14

注：由于统计制度的调整，本表增长率是经过调整的可比口径的同期比。
数据来源：中国人民银行。

附表2–4 **国际流动性**

单位：百万美元

项　目	2009	2010	2011	2012	2013
总储备（减黄金）	2 414 131	2 862 276	3 197 107	3 325 440	3 833 291
特别提款权	12 510	12 345	11 855	11 366	11 184
在基金储备头寸	2 469	2 593	4 104	2 485	792
外汇	2 399 152	2 847 338	3 181 148	3 311 589	3 821 315
黄金（百万盎司）	33.89	33.89	33.89	33.89	33.89
黄金（折价）	9 815	9 815	9 815	9 815	9 815
其他存款性公司国外负债	88 146	108 406	123 250	157 509	294 789

注：因统计口径变化，本表对2009年“其他存款性公司国外负债”数据进行了调整。
数据来源：中国人民银行。

附表2-5　　黄金、外汇储备

年　份	黄金储备（万盎司）	外汇储备（亿美元）	外汇储备比上年增长（%）
1995	1 267	736.0	42.6
1996	1 267	1 050.3	42.7
1997	1 267	1 398.9	33.2
1998	1 267	1 449.6	3.6
1999	1 267	1 546.8	6.7
2000	1 267	1 655.7	7.0
2001	1 608	2 121.7	28.1
2002	1 929	2 864.1	35.0
2003	1 929	4 032.5	40.8
2004	1 929	6 099.3	51.3
2005	1 929	8 188.7	34.3
2006	1 929	10 663.4	30.2
2007	1 929	15 282.5	43.3
2008	1 929	19 460.3	27.3
2009	3 389	23 991.5	23.3
2010	3 389	28 473.4	18.7
2011	3 389	31 811.5	10.7
2012	3 389	33 115.9	4.1
2013	3 389	38 213.2	15.4

注：中国人民银行于2001年12月、2002年12月和2009年4月对黄金储备数据进行了调整。
数据来源：中国人民银行。

附表2-6　　金融业资产简表
（2013年12月31日）

单位：万亿元

项　　目	资产
金融业	192.89
中央银行	31.73
银行业金融机构	151.35
证券业金融机构	1.52
保险业金融机构	8.29

注：证券业金融机构资产指不包含客户资产的证券公司总资产。
数据来源：中国人民银行金融稳定分析小组估算。

附表2-7

2013年存款性公司概览
（季末余额）

单位：亿元

项　　目	第一季度	第二季度	第三季度	第四季度
国外净资产	269 481.7	272 681.6	272 740.1	280 986.4
国内信贷	846 427.3	867 997.5	899 230.2	927 007.0
对政府债权（净）	48 554.8	41 570.2	41 580.1	49 043.6
对非金融部门债权	729 509.3	753 846.6	780 422.8	796 463.8
对其他金融部门债权	68 363.3	72 580.7	77 227.3	81 499.6
货币和准货币	1 035 858.4	1 054 403.7	1 077 379.2	1 106 525.0
货币	310 898.3	313 499.8	312 330.3	337 291.1
流通中货币	55 460.5	54 063.9	56 492.5	58 574.4
单位活期存款	255 437.8	259 435.9	255 837.8	278 716.6
准货币	724 960.1	740 903.9	765 048.8	769 233.9
单位定期存款	215 732.9	228 029.1	239 080.3	232 696.6
个人存款	449 007.5	453 410.6	461 958.2	467 031.1
其他存款	60 219.7	59 464.2	64 010.4	69 506.2
不纳入广义货币的存款	26 890.2	26 580.6	26 844.3	25 940.3
债券	95 986.0	99 129.7	101 362.2	103 672.1
实收资本	30 772.0	31 215.6	31 871.5	32 765.6
其他（净）	–73 597.6	–70 650.4	–65 486.9	–60 909.6

数据来源：中国人民银行。

附表2-8

2013年货币当局资产负债表

（季末余额）

单位：亿元

项 目	第一季度	第二季度	第三季度	第四季度
国外资产	254 127.2	257 853.9	261 561.5	272 233.5
外汇	246 103.3	249 868.8	253 548.7	264 270.0
货币黄金	669.8	669.8	669.8	669.8
其他国外资产	7 354.0	7 315.3	7 343.0	7 293.7
对政府债权	15 313.7	15 312.7	15 312.7	15 312.7
其中：中央政府	15 313.7	15 312.7	15 312.7	15 312.7
对其他存款性公司债权	11 374.8	16 182.0	16 680.8	13 147.9
对其他金融性公司债权	10 025.9	10 218.5	10 242.2	8 907.4
对非金融部门债权	25.0	25.0	25.0	25.0
其他资产	8 073.8	7 148.8	7 369.0	7 652.0
总资产	**298 940.4**	**306 741.1**	**311 191.2**	**317 278.6**
储备货币	253 649.8	257 776.5	263 137.9	271 023.1
货币发行	61 330.9	59 831.3	63 041.1	64 980.9
其他存款性公司存款	192 319.0	197 945.1	200 096.7	206 042.2
不计入储备货币的金融性公司存款	1 349.9	1 316.9	1 268.3	1 330.3
发行债券	13 880.0	10 381.8	7 878.0	7 762.0
国外负债	1 296.0	1 127.1	1 817.8	2 088.3
政府存款	22 757.2	32 330.0	34 480.8	28 610.6
自有资金	219.8	219.8	219.8	219.8
其他负债	5 787.7	3 589.2	2 388.7	6 244.6
总负债	**298 940.4**	**306 741.1**	**311 191.2**	**317 278.6**

数据来源：中国人民银行。

附表2-9

2013年其他存款性公司资产负债表

（季末余额）

单位：亿元

项　　目	第一季度	第二季度	第三季度	第四季度
国外资产	28 622.0	28 686.4	27 768.6	28 814.1
储备资产	197 788.5	203 119.8	206 057.3	211 775.6
准备金存款	191 918.1	197 352.4	199 508.7	205 369.1
库存现金	5 870.3	5 767.4	6 548.6	6 406.5
对政府债权	55 998.3	58 587.5	60 748.1	62 341.5
其中：中央政府	55 998.3	58 587.5	60 748.1	62 341.5
对中央银行债权	15 209.9	10 183.6	6 135.9	10 301.4
对其他存款性公司债权	262 063.2	259 553.7	253 805.3	260 442.0
对其他金融机构债权	58 337.3	62 362.2	66 985.1	72 592.3
对非金融机构债权	559 589.1	573 036.3	589 767.9	599 575.2
对其他居民部门债权	169 895.2	180 785.3	190 629.9	196 863.6
其他资产	66 392.1	70 700.1	71 913.7	82 046.0
总资产	**1 413 895.7**	**1 447 014.8**	**1 473 811.8**	**1 524 751.5**
对非金融机构及住户负债	952 641.8	972 848.1	989 356.0	1 012 778.8
纳入广义货币的存款	920 178.2	940 875.6	956 876.3	978 444.3
单位活期存款	255 437.8	259 435.9	255 837.8	278 716.6
单位定期存款	215 732.9	228 029.1	239 080.3	232 696.6
个人存款	449 007.5	453 410.6	461 958.2	467 031.1
不纳入广义货币的存款	26 890.2	26 580.6	26 844.3	25 940.3
可转让存款	8 069.9	8 227.8	7 666.8	7 454.0
其他存款	18 820.2	18 352.8	19 177.5	18 486.3
其他负债	5 573.5	5 391.9	5 635.5	8 394.2
对中央银行负债	8 881.3	14 428.9	15 030.3	11 663.2
对其他存款性公司负债	111 646.0	107 641.3	102 469.5	110 397.9
对其他金融性公司负债	64 524.7	65 250.3	69 570.3	74 804.7
其中：计入广义货币的存款	60 219.7	59 464.2	64 010.4	69 506.2
国外负债	11 971.6	12 731.7	14 772.2	17 973.0
债券发行	95 986.0	99 129.7	101 362.2	103 672.1
实收资本	30 552.3	30 995.8	31 651.8	32 545.8
其他负债	137 691.9	143 989.1	149 599.6	160 916.0
总负债	**1 413 895.7**	**1 447 014.8**	**1 473 811.8**	**1 524 751.5**

数据来源：中国人民银行。

附表2-10

2013年中资大型银行资产负债表

（季末余额）

单位：亿元

项　　目	第一季度	第二季度	第三季度	第四季度
国外资产	19 956.68	19 929.37	18 977.88	19 356.15
储备资产	115 377.77	116 172.04	117 421.01	114 779.03
准备金存款	112 075.63	113 009.45	113 672.12	111 157.87
库存现金	3 302.14	3 162.59	3 748.90	3 621.16
对政府债权	38 837.36	40 139.10	40 711.57	40 884.26
其中：中央政府	38 837.36	40 139.10	40 711.57	40 884.26
对中央银行债权	13 446.45	8 890.03	5 735.04	9 906.40
对其他存款性公司债权	115 153.06	116 535.22	114 513.19	112 958.07
对其他金融性公司债权	22 625.63	20 810.53	20 965.71	22 269.38
对非金融性公司债权	309 101.62	314 164.00	322 990.96	328 232.63
对其他居民部门债权	91 904.00	97 432.02	102 191.05	105 640.46
其他资产	45 243.54	49 267.08	50 038.33	59 569.52
总资产	**771 646.10**	**783 339.41**	**793 544.74**	**813 595.90**
对非金融机构及住户负债	541 025.91	545 124.55	552 734.98	559 212.62
纳入广义货币的存款	522 616.33	527 835.17	535 313.53	540 342.35
单位活期存款	140 833.81	141 670.71	139 301.98	148 850.18
单位定期存款	92 649.46	98 046.44	102 986.59	98 546.21
个人存款	289 133.06	288 118.02	293 024.97	292 945.96
不纳入广义货币的存款	14 443.01	13 777.97	13 831.48	13 077.25
可转让存款	4 164.36	4 234.97	3 948.12	3 587.00
其他存款	10 278.65	9 543.00	9 883.36	9 490.26
其他负债	3 966.57	3 511.41	3 589.97	5 793.02
对中央银行负债	3 389.17	6 845.25	7 273.91	4 127.96
对其他存款性公司负债	24 548.68	21 911.95	20 454.94	21 960.06
对其他金融性公司负债	34 279.48	34 269.50	34 295.08	35 825.90
其中：计入广义货币的存款	32 881.44	32 106.01	32 259.77	34 117.92
国外负债	5 673.21	5 762.08	6 770.66	8 668.73
债券发行	61 816.13	63 404.61	64 903.48	65 949.37
实收资本	16 067.25	16 047.89	16 050.64	16 070.02
其他负债	84 846.27	89 973.57	91 061.05	101 781.25
总负债	**771 646.10**	**783 339.41**	**793 544.74**	**813 595.90**

数据来源：中国人民银行。

附表2-11

2013年中资中型银行资产负债表
（季末余额）

单位：亿元

项　　目	第一季度	第二季度	第三季度	第四季度
国外资产	7 059.72	7 194.58	7 373.36	7 937.39
储备资产	34 550.86	37 218.62	37 359.86	38 461.75
准备金存款	33 987.85	36 597.75	36 748.31	37 789.89
库存现金	563.01	620.87	611.55	671.86
对政府债权	8 801.89	9 351.75	10 287.37	10 911.79
其中：中央政府	8 801.89	9 351.75	10 287.37	10 911.79
对中央银行债权	748.58	540.81	91.07	90.14
对其他存款性公司债权	67 540.81	65 148.77	60 047.51	60 806.49
对其他金融性公司债权	15 705.67	22 048.39	24 923.41	26 712.65
对非金融性公司债权	131 634.48	134 299.64	136 830.90	138 872.84
对其他居民部门债权	32 310.00	34 905.84	37 320.19	38 770.70
其他资产	8 017.77	7 913.27	8 041.62	8 641.13
总资产	**306 369.78**	**318 621.68**	**322 275.29**	**331 204.88**
对非金融机构及住户负债	169 829.49	177 177.11	178 430.49	180 861.25
纳入广义货币的存款	160 266.73	167 264.61	168 162.49	170 689.72
单位活期存款	53 025.20	54 372.95	52 534.49	57 170.36
单位定期存款	69 408.71	72 907.36	75 288.44	72 658.18
个人存款	37 832.82	39 984.30	40 339.56	40 861.17
不纳入广义货币的存款	8 820.69	9 005.32	9 246.75	9 019.53
可转让存款	2 154.92	2 190.61	1 988.17	2 098.31
其他存款	6 665.78	6 814.71	7 258.59	6 921.22
其他负债	742.06	907.19	1 021.24	1 152.01
对中央银行负债	3 565.90	5 095.49	4 872.03	4 956.22
对其他存款性公司负债	44 055.35	45 549.31	40 823.83	43 044.25
对其他金融性公司负债	25 648.16	25 684.10	29 169.83	32 294.56
其中：计入广义货币的存款	23 485.44	23 006.40	26 608.82	29 822.92
国外负债	1 987.17	2 288.53	2 762.43	3 402.75
债券发行	32 512.34	33 761.65	34 407.15	35 736.47
实收资本	2 412.83	2 442.70	2 575.80	2 646.82
其他负债	26 358.54	26 622.80	29 233.72	28 262.56
总负债	**306 369.78**	**318 621.68**	**322 275.29**	**331 204.88**

数据来源：中国人民银行。

附表2–12

2013年中资小型银行资产负债表
（季末余额）

单位：亿元

项　目	第一季度	第二季度	第三季度	第四季度
国外资产	204.83	283.90	211.52	273.54
储备资产	30 894.42	32 853.30	34 096.50	38 957.19
准备金存款	29 860.02	31 836.25	32 930.07	37 711.77
库存现金	1 034.40	1 017.06	1 166.43	1 245.42
对政府债权	6 807.92	7 252.78	7 796.58	8 321.72
其中：中央政府	6 807.92	7 252.78	7 796.58	8 321.72
对中央银行债权	428.40	330.62	101.76	88.24
对其他存款性公司债权	48 324.82	48 486.16	48 720.59	55 187.45
对其他金融性公司债权	15 181.78	16 076.71	17 408.46	19 855.04
对非金融性公司债权	78 049.96	83 116.71	87 251.92	88 879.19
对其他居民部门债权	22 868.67	24 793.11	27 120.54	29 082.92
其他资产	7 849.66	8 529.20	8 567.95	8 734.19
总资产	**210 610.47**	**221 722.48**	**231 275.84**	**249 379.49**
对非金融机构及住户负债	147 528.12	155 950.94	162 049.65	173 423.96
纳入广义货币的存款	146 369.69	154 404.17	160 469.27	171 625.57
单位活期存款	40 518.62	42 850.67	43 318.27	48 775.95
单位定期存款	37 037.13	39 533.23	41 988.15	43 004.07
个人存款	68 813.94	72 020.26	75 162.85	79 845.54
不纳入广义货币的存款	782.61	1 076.58	1 054.92	1 099.53
可转让存款	287.32	344.90	342.20	358.87
其他存款	495.29	731.69	712.72	740.66
其他负债	375.82	470.19	525.46	698.86
对中央银行负债	709.69	1 023.78	1 352.96	1 120.56
对其他存款性公司负债	34 459.09	34 309.05	34 920.25	39 674.60
对其他金融性公司负债	3 319.54	4 190.43	4 893.81	5 429.27
其中：计入广义货币的存款	3 082.10	3 654.87	4 444.45	4 876.28
国外负债	636.07	645.46	601.40	632.72
债券发行	1 443.76	1 699.23	1 779.05	1 744.55
实收资本	6 186.64	6 478.52	6 758.21	7 226.45
其他负债	16 327.56	17 425.06	18 920.50	20 127.38
总负债	**210 610.47**	**221 722.48**	**231 275.84**	**249 379.49**

数据来源：中国人民银行。

附表2-13

2013年外资银行资产负债表
（季末余额）

单位：亿元

项　　目	第一季度	第二季度	第三季度	第四季度
国外资产	1 243.00	1 139.88	1 098.01	1 127.57
储备资产	2 803.12	2 804.18	2 756.11	3 082.84
准备金存款	2 793.53	2 795.23	2 746.73	3 073.25
库存现金	9.60	8.95	9.38	9.59
对政府债权	936.10	1 239.91	1 376.81	1 535.16
其中：中央政府	936.10	1 239.91	1 376.81	1 535.16
对中央银行债权	449.12	307.47	127.31	127.22
对其他存款性公司债权	5 577.64	5 009.57	5 595.19	6 312.82
对其他金融性公司债权	2 139.99	1 176.34	1 281.63	1 400.03
对非金融性公司债权	10 036.89	9 963.36	10 312.78	10 580.86
对其他居民部门债权	626.16	661.28	719.14	789.63
其他资产	1 115.25	828.01	799.68	849.12
总资产	**24 927.27**	**23 130.01**	**24 066.67**	**25 805.26**
对非金融机构及住户负债	14 140.49	13 594.55	13 960.33	15 107.58
纳入广义货币的存款	11 214.84	10 778.74	11 162.05	12 119.95
单位活期存款	2 450.60	2 310.69	2 107.41	2 886.72
单位定期存款	6 814.99	6 495.17	7 073.85	7 193.25
个人存款	1 949.25	1 972.88	1 980.79	2 039.97
不纳入广义货币的存款	2 557.60	2 426.91	2 426.26	2 426.25
可转让存款	1 256.42	1 257.72	1 189.86	1 158.40
其他存款	1 301.18	1 169.20	1 236.40	1 267.85
其他负债	368.05	388.90	372.02	561.38
对中央银行负债	22.98	5.44	15.18	1.03
对其他存款性公司负债	2 748.71	1 461.01	1 447.07	1 226.74
对其他金融性公司负债	826.43	693.57	691.91	736.13
其中：计入广义货币的存款	656.66	551.70	550.93	551.87
国外负债	3 673.09	4 035.61	4 637.67	5 268.39
债券发行	60.82	111.09	111.71	80.71
实收资本	1 532.16	1 509.65	1 513.54	1 585.73
其他负债	1 922.58	1 719.08	1 689.26	1 798.94
总负债	**24 927.27**	**23 130.01**	**24 066.67**	**25 805.26**

数据来源：中国人民银行。

附表2-14 **2013年农村信用社资产负债表**

（季末余额）

单位：亿元

项目	第一季度	第二季度	第三季度	第四季度
国外资产	3.86	3.70	3.73	3.50
储备资产	11 905.56	11 603.54	11 802.66	13 855.03
准备金存款	10 944.42	10 645.64	10 790.38	12 996.64
库存现金	961.14	957.91	1 012.28	858.39
对政府债权	519.25	505.93	517.58	632.29
其中：中央政府	519.25	505.93	517.58	632.29
对中央银行债权	136.18	113.54	80.04	88.19
对其他存款性公司债权	18 788.83	17 522.41	17 651.51	16 287.33
对其他金融性公司债权	2 163.44	1 766.58	1 876.26	1 837.28
对非金融性公司债权	20 865.68	21 259.72	21 580.33	21 753.52
对其他居民部门债权	21 941.57	22 731.89	22 982.40	22 225.97
其他资产	3 900.72	3 957.71	4 276.35	4 069.31
总资产	**80 225.09**	**79 465.03**	**80 770.87**	**80 752.41**
对非金融机构及住户负债	64 622.86	64 921.84	65 111.36	65 312.59
纳入广义货币的存款	64 500.47	64 804.50	64 982.05	65 123.83
单位活期存款	11 045.02	11 171.97	11 187.69	11 514.66
单位定期存款	2 177.19	2 317.52	2 344.43	2 270.71
个人存款	51 278.27	51 315.01	51 449.93	51 338.46
不纳入广义货币的存款	8.33	9.95	9.22	8.35
可转让存款	0.49	0.70	0.72	0.97
其他存款	7.83	9.25	8.50	7.38
其他负债	114.06	107.39	120.08	180.41
对中央银行负债	1 081.73	1 361.75	1 414.29	1 341.24
对其他存款性公司负债	5 143.17	3 788.06	4 357.91	3 935.85
对其他金融性公司负债	396.89	369.15	467.60	459.35
其中：计入广义货币的存款	68.59	109.77	106.87	90.30
国外负债	2.02	0.02	0.03	0.02
债券发行	0.00	0.00	0.00	0.00
实收资本	2 388.47	2 432.30	2 420.38	2 570.11
其他负债	6 589.95	6 591.90	6 999.30	7 133.26
总负债	**80 225.09**	**79 465.03**	**80 770.87**	**80 752.41**

数据来源：中国人民银行。

附表2–15 证券市场概况统计表

年　　份	2007	2008	2009	2010	2011	2012	2013
境内上市公司数（A、B股）(家）	1 550	1 625	1 718	2 063	2 342	2 494	2 489
境内上市外资股（B股）(家）	109	109	108	108	108	107	106
境外上市公司数（H股）(家）	148	153	159	165	171	179	182
总发行股本（亿股）	22 416.85	24 522.85	26 162.85	33 184.35	36 095.52	38 395.00	40 569.08
其中：流通股本(亿股）	10 331.52	12 578.91	19 759.53	25 642.03	28 850.26	31 339.60	36 744.16
股票市价总值（亿元）	327 140.89	121 366.44	243 939.12	265 422.59	214 758.10	230 357.62	239 077.19
其中：股票流通市值（亿元）	93 064.35	45 213.90	151 258.65	193 110.41	164 921.30	181 658.26	199 579.54
股票交易量（亿股）	36 403.76	24 131.38	51 106.99	42 151.99	33 957.55	32 881.06	48 372.67
股票成交金额（亿元）	460 556.20	267 112.64	535 986.74	545 633.54	421 646.74	314 667.41	468 728.60
上证综合指数（收盘）	5 261.56	1 820.81	3 277.14	2 808.08	2 199.42	2 269.13	2 115.98
深证综合指数(收盘）	1 447.02	553.30	1 201.34	1 290.87	866.65	881.17	1 057.67
投资者账户（万户）	13 887.02	10 449.09	12 037.69	13 391.04	14 050.37	17 064.46	17 517.63
平均市盈率							
上海	59.24	14.86	28.73	21.61	13.40	12.30	10.99
深圳	69.74	16.72	46.01	44.69	23.11	22.01	27.76
平均换手率（%）							
上海	927.19	392.52	499.41	197.61	124.80	101.59	123.59
深圳	987.42	469.11	793.27	557.46	340.49	297.85	389.11
国债发行额（亿元）	23 139.10	8 558.20	17 927.24	19 778.30	17 100.10	16 154.20	20 230
公司债发行额（亿元）	5 181.00	8 723.40	16 599.30	16 094.45	21 395.32	37 365.46	36 699
债券成交量（万手）							
债券成交额（亿元）							
国债现货成交金额（亿元）	21 446.79	38 422.29	42 291.52	78 391.44	87 629.52	92 221.85	56 498.86
国债回购成交金额（亿元）	18 345.08	24 268.65	35 475.87	65 877.79	199 581.50	443 655.31	583 253.84
证券投资基金只数（只）	346	439	557	704	914	1 173	1 552
证券投资基金规模（亿元）	22 339.84	25 741.79	26 767.05	24 228.35	26 510.37	28 661.81	30 025.77
证券投资基金成交金额(亿元）	8 620.10	5 831.06	10 249.58	8 996.43	6 365.80	8 667.36	1 024.87
期货成交总量（万手）	72 846.08	136 396.00	215 751.76	156 684.42	105 413.75	145 052.57	206 182.30
期货成交额（亿元）	409 740.77	719 173.35	1 305 142.92	15 40 296.21	1 375 162.44	1 711 269.35	2 674 662.02

数据来源：中国证监会、中央国债登记结算有限责任公司。

附表2-16　　股票市值与GDP的比率

单位：亿元，%

年　份	GDP	市价总值	比率	GDP	流通市值	比率
1996	71 177	9 842	13.83	71 177	2 867	4.03
1997	78 973	17 529	22.20	78 973	5 204	6.59
1998	84 402	19 506	23.11	84 402	5 746	6.81
1999	89 677	26 471	29.52	89 677	8 214	9.16
2000	99 215	48 091	48.47	99 215	16 088	16.21
2001	109 655	43 522	39.69	109 655	14 463	13.19
2002	120 333	38 329	31.85	120 333	12 485	10.38
2003	135 823	42 458	31.26	135 823	13 179	9.70
2004	159 878	37 056	23.18	159 878	11 689	7.31
2005	183 868	32 430	17.64	183 868	10 631	5.78
2006	211 923	89 404	42.19	211 923	25 004	11.80
2007	249 530	327 141	131.10	249 530	93 064	37.30
2008	300 670	121 366	40.36	300 670	45 214	15.04
2009	335 353	243 939	72.74	335 353	151 259	45.10
2010	397 983	265 422	66.69	397 983	193 110	48.52
2011	471 564	214 758	45.54	471 564	164 921	34.97
2012	519 322	230 358	44.36	519 322	181 658	34.98
2013	568 845	239 077	42.03	568 845	199 580	35.09

数据来源：中国证监会。

附表2-17　　境内股票筹资额和银行贷款增加额的比率

单位：亿元，%

年　份	境内股票筹资额	银行贷款增加额	比率
1996	341.52	10 683.33	3.20
1997	933.82	10 712.47	8.72
1998	803.57	11 490.94	6.99
1999	897.39	10 846.36	8.27
2000	1 541.02	13 346.61	11.55
2001	1 182.13	12 439.41	9.50
2002	779.75	18 979.20	4.11
2003	823.10	27 702.30	2.97
2004	862.67	19 201.60	4.49
2005	338.13	16 492.60	2.05
2006	2 463.70	30 594.89	8.05
2007	7 722.99	36 405.60	21.21
2008	2 619.71	41 703.76	6.28
2009	3 894.53	96 290.18	4.04
2010	8 954.99	79 510.73	11.26
2011	5 073.07	68 751.14	7.38
2012	3 127.54	81 962.95	3.82
2013	3 457.52	93 326.01	3.70

注：自2008年起，股票再筹资中区分定向增发（现金）和定向增发（资产注入），本表2008年以后境内股票融资额不包含定向增发（资产注入）部分。

数据来源：根据中国证监会、中国人民银行数据整理。

附表2-18 股票市场概况统计表

年份		2007	2008	2009	2010	2011	2012	2013
境内上市公司数（A、B股）(家）		1 550	1 625	1 718	2 063	2 342	2 494	2 489
其中：ST公司数（家）			140	142	153	137	96	57
中小板公司数（家）		202	273	327	531	646	701	701
创业板公司数（家）				36	153	281	355	355
境内上市外资股（B股）(家）		109	109	108	108	108	107	106
其中：ST公司数（家）			20				12	
总发行股本（亿股）		22 416.85	24 522.85	26 162.85	33 184.35	36 095.52	38 395.00	40 569.08
其中：中小板总发行股本		339.64	591.60	794.13	1 366.74	1 943.50	2 410.25	2 818.48
创业板总发行股本				34.60	175.06	399.53	600.89	761.56
市价总值（亿元）		327 140.89	121 366.44	243 939.12	265 422.59	214 758.10	230 357.62	239 077.19
其中：中小板市价总值		10 646.84	6 269.68	16 872.55	35 364.61	27 429.32	28 804.03	37 163.74
创业板市价总值				1 610.08	7 365.22	7 433.79	8 731.20	15 091.98
流通市值（亿元）		93 064.35	45 213.90	151 258.65	193 110.41	164 921.30	181 658.26	199 579.54
其中：中小板流通市值		3 823.66	2 672.68	7 503.57	16 150.32	14 343.52	16 244.15	25 543.70
创业板流通市值				298.97	2 005.64	2 504.08	3 335.29	8 218.83
成交量（亿股）	合计	36 403.76	24 131.38	51 106.99	42 151.99	33 957.55	32 881.06	48 372.67
	日平均	150.43	98.10	209.45	174.18	139.17	135.31	203.25
	中小板	815.56	1 189.26	3 283.65	4 055.35	3 729.74	5 075.85	8 245.92
	创业板	—	—	38.55	400.53	761.69	1 478.14	3 035.83

续表

年　份		2007	2008	2009	2010	2011	2012	2013
成交金额（亿元）	合计	460 556.22	267 112.64	535 986.74	545 633.54	421 649.72	314 667.41	468 728.60
	日平均	1 903.12	1 085.82	2 196.67	2 254.68	1 728.07	1 294.93	1 969.45
	中小板	16 173.66	16 637.28	48 273.52	85 832.42	69 026.48	61 891.45	1 00 224
	创业板	—	—	1 828.11	15 717.88	18 879.15	23 304.64	51 182
平均换手率（%）	上海	927.19	392.52	499.41	197.61	124.80	101.59	123.59
	深圳	987.42	469.11	793.27	557.46	340.49	297.85	389.11
平均市盈率	上海	59.24	14.86	28.73	21.61	13.40	12.30	10.99
	深圳	69.74	17.13	46.01	44.69	23.11	22.01	27.76
	中小板	85.07	24.96	51.01	56.93	28.26	25.42	34.07
	创业板			105.38	78.53	37.62	32.01	55.21
上证综合指数	开盘	2 728.19	5 265.00	1 849.02	3 289.75	2 825.33	2 212.00	2 289.51
	最高	6 124.04	5 522.78	3 478.01	3 306.75	3 067.46	2 478.37	2 444.80
	月日	2007–10–16	2008–01–14	2009–08–04	2010–01–11	2011–04–18	2012–02–27	2013–02–18
	最低	2 617.02	1 664.92	1 844.09	2 319.74	2 134.02	1 949.46	1 849.65
	月日	2007–01–05	2008–10–28	2009–01–05	2010–07–02	2011–12–28	2012–12–04	2013–06–25
	收盘	5 261.56	1 820.81	3 277.14	2 808.08	2 199.42	2 269.13	2 115.98
深证综合指数	开盘	555.26	1 450.33	560.10	1 207.33	1 298.60	871.93	887.36
	最高	1 567.74	1 584.40	1 240.64	1 414.64	1 316.19	1 020.29	1 106.27
	月日	2007–10–08	2008–01–15	2009–12–04	2010–11–11	2011–01–06	2012–03–14	2013–10–22
	最低	547.89	452.33	557.69	890.24	828.83	724.97	815.89
	月日	2007–01–05	2008–11–04	2009–01–05	2010–07–02	2011–12–28	2012–12–04	2013–06–25
	收盘	1 447.02	553.30	1 201.34	1290.87	866.65	881.17	1 057.67

数据来源：证监会、上海证券交易所、深圳证券交易所。

附表2–19 中国债券发行情况汇总表

单位：亿元

年份	国债			金融债券			公司信用类债券（企业债）		
	发行额	兑付额	期末余额	发行额	兑付额	期末余额	发行额	兑付额	期末余额
1994	1 137.55	391.89	2 286.40				161.75	282.04	682.11
1995	1 510.86	496.96	3 300.30				300.80	336.30	646.61
1996	1 847.77	786.64	4 361.43				268.92	317.80	597.73
1997	2 411.79	1 264.29	5 508.93				255.23	219.81	521.02
1998	3 808.77	2 060.86	7 765.70				147.89	105.25	676.93
1999	4 015.00	1 238.70	10 542.00				158.20	56.50	778.63
2000	4 657.00	2 179.00	13 020.00				83.00		861.63
2001	4 884.00	2 286.00	15 618.00				147.00		
2002	5 934.30	2 216.20	19 336.10				325.00		
2003	6 280.10	2 755.80	22 603.60				358.00		
2004	6 923.90	3 749.90	25 777.60				327.00		
2005	7 042.00	4 045.50	28 774.00				2 046.50	37.00	
2006	8 883.30	6 208.61	31 448.69				3 938.30	1 672.40	
2007	23 139.10	5 846.80	48 741.00				5 181.00	2 880.90	7 683.30
2008	8 558.20	7 531.40	49 767.80				8 723.40	3 277.84	13 250.62
2009	17 927.24	9 745.06	57 949.98				165 99.30	4 309.12	25 540.80
2010	19 778.30	10 043.38	67 684.90				16 094.45	5 099.23	36 318.15
2011	17 100	10 959	75 832	23 491	7 683	75 748	23 548	10 326	49 095
2012	16 154	9 464	82 522	26 202	8 588	93 362	37 365	8 750	77 710
2013	20 230	8 996	95 471	26 310	13 306	105 772	36 784	18 673	93 242

注：1. 金融债券指由金融企业发行的债券，包括国开行金融债、政策性金融债、商业银行普通债、商业银行次级债、商业银行资本混合债、资产支持证券、证券公司债券、证券公司短期融资券、资产管理公司金融债。

2. 因统计制度调整，自2012年起，表中“企业债”替换为“公司信用类债券”，包括非金融企业债务融资工具、企业债券以及公司债、可转债、可分离债、中小企业私募债。

数据来源：中国人民银行。

附表2-20

中国保险业发展概况统计表

单位：亿元，%

项目	2007年	同比增长	2008年	同比增长	2009年	同比增长	2010年	同比增长	2011年	同比增长	2012年	同比增长	2013年	同比增长
保费收入	7 035.76	24.72	9 784.10	39.06	11 137.30	13.83	14 527.97	30.44	14 339.25	—	15 487.93	8.01	17 222.24	11.20
1.财产险	1 997.74	32.35	2 336.71	16.97	2 875.83	23.07	3 895.64	35.46	4 617.82	18.54	5 330.93	15.44	6 212.26	16.53
2. 人身意外伤害	190.11	17.01	203.56	7.08	230.05	13.02	275.35	19.69	334.12	—	386.18	15.58	461.34	19.46
3.健康险	384.17	1.93	585.46	52.40	573.98	-1.96	677.47	18.03	691.72	—	862.76	24.73	1 123.50	30.22
4.寿险	4 463.75	24.25	6 658.37	49.17	7 457.44	12.00	9 679.51	29.80	8 695.59	—	8 908.06	2.44	9 425.14	5.80
赔款、给付	2 265.21	57.47	2 971.17	31.16	3 125.48	5.19	3 200.43	2.40	3 929.37	22.78	4 716.32	20.03	6 212.90	31.73
1.财产险	1 020.47	28.15	1 418.33	38.99	1 575.78	11.10	1 756.03	11.44	2 186.93	24.54	2 816.33	28.78	3 439.14	22.11
2.人身意外伤害	63.43	22.76	62.57	-1.35	63.92	2.15	71.39	11.69	81.84	14.64	96.80	18.28	109.51	13.12
3.健康险	116.86	-6.58	175.28	49.99	217.03	23.82	264.02	21.65	359.67	36.23	298.17	-17.10	411.13	37.88
4.寿险	1 064.45	128.71	1 314.98	23.54	1 268.74	-3.52	1 108.99	-12.59	1 300.93	17.31	1 505.01	15.69	2 253.13	49.71
营业费用	947.62	42.06	1 079.52	13.92	1 234.06	14.32	1 538.35	24.66	1 882.38	22.36	2 171.46	15.36	2 459.59	13.27
银行存款	6 516.26	8.80	8 087.55	24.11	10 519.68	30.07	13 909.97	32.23	17 737.17	27.51	23 446.00	32.19	22 640.98	-3.43
投资	20 205.69	71.29	22 465.22	11.18	26 897.43	19.73	32 136.65	19.48	37 736.67	17.43	45 096.58	19.50	54 232.43	20.26
其中：国债	3 961.12	8.61	4 208.26	6.24	4 053.82	-3.67	4 815.78	18.80	4 742.40	-1.52	4 795.02	1.11	4 776.73	-0.38
证券投资基金	2 530.46	177.44	1 646.46	-34.93	2 758.78	67.56	2 620.73	-5.00	2 915.86	11.26	3 625.58	24.34	3 575.52	-1.38
资产总额	29 003.92	46.99	33 418.44	15.22	40 634.75	21.59	50 481.61	24.23	60 138.10	19.13	73 545.73	22.29	82 886.95	12.70

注：1.自2011年起，保险业根据财政部《企业会计准则解释第2号》调整了保险收入确认原则，按照新口径统计保费收入，故2011年起保费收入不能与往年进行比较。

2.保费收入、赔款给付、营业费用为年度数据。

3.银行存款、投资、资产总额为年底数据。

数据来源：根据中国保监会网站提供数据整理。

附表2-21 2010—2013年全国非寿险保费收入构成

单位：亿元，%

险　种	2010	占比	2011	占比	2012	占比	2013	占比
车险	3 004.15	74.60	3 504.56	73.33	4 005.17	72.43	4 720.79	72.84
企财险	271.61	6.74	329.81	6.90	360.36	6.52	378.80	5.84
货运险	78.74	1.96	97.83	2.05	101.71	1.84	102.94	1.59
意外险	85.53	2.12	105.12	2.20	126.54	2.29	150.93	2.33
责任险	115.88	2.88	148.01	3.10	183.77	3.32	216.63	3.34
其他	470.98	11.70	593.73	12.42	752.33	13.60	911.07	14.06
合计	4 026.89	100.00	4 779.06	100.00	5 529.88	100.00	6 481.16	100.00

数据来源：中国保监会。

附表2-22 2010—2013年全国寿险保费收入构成

单位：亿元，%

险　种	2010	占比	2011	占比	2012	占比	2013	占比
人寿保险	9 679.31	92.18	8 695.40	90.96	8 907.90	89.46	9 424.99	87.75
其中：普通保险	948.17	9.03	951.20	9.95	969.65	9.74	1 200.27	11.17
分红保险	7 454.77	70.99	7 662.54	80.15	7 854.29	78.88	8 132.81	75.72
投资连结保险	152.82	1.46	4.55	0.05	4.35	0.04	4.42	0.04
意外伤害保险	189.83	1.81	229.00	2.40	259.64	2.61	310.41	2.89
健康保险	631.74	6.02	635.61	6.65	790.35	7.94	1 005.52	9.36
合计	10 500.88	100.00	9 560.00	100.00	9 957.89	100.00	10 740.93	100.00

数据来源：中国保监会。

附表2–23　　2013年全国各地区保费收入情况表

单位：亿元

地区	原保险保费收入	财产保险	寿险	意外险	健康险
全国合计	17 222.24	6 212.26	9 425.14	461.34	1 123.50
江　苏	1 446.08	518.61	809.17	41.88	76.41
广　东	1 434.15	487.35	805.11	40.27	101.42
山　东	1 101.44	370.47	628.46	25.23	77.29
北　京	994.44	288.03	570.81	29.93	105.68
浙　江	924.42	415.14	435.16	25.37	48.75
河　南	916.52	238.83	613.40	14.81	49.49
四　川	914.68	315.12	520.99	26.70	51.87
河　北	837.59	309.77	467.24	16.63	43.94
上　海	821.43	285.25	435.89	32.44	67.85
湖　北	587.40	169.35	362.81	15.79	39.45
湖　南	508.57	176.02	286.13	13.70	32.72
安　徽	483.01	203.85	242.56	9.00	27.60
深　圳	468.76	172.80	252.76	13.35	29.86
福　建	463.06	157.16	257.17	13.51	35.22
辽　宁	446.65	165.50	242.73	9.34	29.07
陕　西	417.45	137.07	246.82	10.40	23.17
山　西	412.38	144.55	239.70	7.97	20.16
黑龙江	384.32	113.62	240.47	7.57	22.65
重　庆	359.23	112.52	208.42	13.82	24.48
云　南	320.77	151.76	131.65	12.30	25.06
江　西	317.95	116.20	177.52	7.70	16.53
天　津	276.80	102.28	148.54	5.91	20.07
广　西	275.47	112.15	135.42	10.50	17.41
内蒙古	274.69	129.73	121.38	6.46	17.13
新　疆	273.49	113.23	124.40	10.66	25.20
吉　林	266.44	91.09	150.68	4.48	20.19
宁　波	185.50	96.84	78.10	4.66	5.89
贵　州	181.62	89.03	74.90	7.24	10.43
甘　肃	180.15	68.34	95.78	4.94	11.09
青　岛	178.99	75.13	88.24	4.09	11.53
大　连	176.00	63.60	96.84	3.90	11.67
厦　门	111.78	48.13	53.24	3.22	7.19
宁　夏	72.70	31.40	32.11	2.04	7.16
海　南	72.61	31.70	35.62	1.88	3.41
青　海	39.02	19.51	13.82	1.33	4.35
西　藏	11.43	7.96	0.94	1.41	1.12
集团、总公司本级	85.24	83.18	0.16	0.93	0.97

注：集团、总公司本级是指集团、总公司开展的业务，不计入任何地区。

资料来源：中国保监会。

附表2–24

支付系统业务量统计表

单位：万笔，亿元

项目/年度	2009年		2010年		2011年		2012年		2013年	
	笔数	金额	笔数	金额	笔数	金额	笔数	金额	笔数	金额
大额支付系统	24 801.90	8 039 463.72	29 121.66	11 043 680.19	37 211.44	13 552 814.97	47 035.96	17 719 972.13	59 548.66	20 607 617.10
小额支付系统	22 580.53	114 617.04	38 672.84	162 124.36	56 304.92	183 614.11	75 393.50	185 477.54	104 027.48	203 154.11
网上支付跨行清算系统							26 580.35	35 630.14	71 784.34	94 684.65
同城票据清算系统	43 043.30	694 061.69	44 957.39	731 904.25	41 803.08	709 484.72	39 135.21	665 182.46	41 871.79	682 892.87
境内外币支付系统	28.29	3 445.88	54.48	9 506.38	76.24	17 103.76	111.05	33 614.79	139.44	44 294.86
银行业金融机构行内支付系统	338 783.44	3 147 552.55	524 460.31	4 580 717.89	729 076.77	5 305 821.12	895 492.15	6 245 593.61	1 075 915.50	7 452 224.44
银行卡跨行交易清算系统	694 167.83	76 687.16	845 329.81	112 267.74	1 038 147.93	159 285.29	1 248 897.88	217 631.82	1 513 946.08	322 972.28

数据来源：中国人民银行。

责任编辑：戴　硕　董　飞　肖　炜
责任校对：李俊英
责任印制：程　颖

图书在版编目（CIP）数据

中国金融稳定报告（Zhongguo Jinrong Wending Baogao）.2014/中国人民银行金融稳定分析小组编.
—北京：中国金融出版社，2014. 4
ISBN 978－7－5049－7293－4

Ⅰ.①中…　Ⅱ.①中…　Ⅲ.①金融市场—研究报告—中国—2014　Ⅳ.①F832.5

中国版本图书馆CIP数据核字（2014）第068959号

出版
发行　中国金融出版社
社址　北京市丰台区益泽路2号
市场开发部　（010）63266347，63805472，63439533（传真）
网 上 书 店　http://www.chinafph.com
（010）63286832，63365686（传真）
读者服务部　（010）66070833，62568380
邮编　100071
经销　新华书店
印刷　北京松源印刷有限公司
尺寸　210毫米×285毫米
印张　13
字数　230千
版次　2014年4月第1版
印次　2014年4月第1次印刷
定价　228.00元
ISBN 978－7－5049－7293－4/F. 6853
如出现印装错误本社负责调换　联系电话（010）63263947